I0539935

BESTACTIVITYBOOKS.COM

ERSTE AUSGABE - Veröffentlicht 2022

Extra Grafikmaterial von: www.freepik.com
Dank an: Alekksall, Starline, Pch.vector, Rawpixel.com, Vectorpocket, Dgim-studio, Upklyak, Macrovector, Stockgiu, Pikisuperstar & Freepik.com Designers

5 TIPPS FÜR DEN ANFANG!

1) LÖSUNG DER RÄTSEL

Die Puzzles haben ein klassisches Format :

- Die Wörter sind ohne Abstand, Bindetrich usw… versteckt
- Richtung : vor-& rückwärts, auf & ab oder in der Diagonale (beider Richtungen)
- Die Wörter können übereinanderliegen oder sich kreuzen

2) AKTIVES LERNEN

Neben jedem Wort ist ein Abstand vorgesehen zum Aufschreiben der Übersetzung. Um ihre Kenntnisse zu überprüfen und zu erweitern befindet sich am Ende des Buches ein **WÖRTERBUCH**. Suchen sie die Übersetzungen, schreiben sie sie auf, dann können sie sie in den. Puzzles suchen und ihrem Wortschatz hinzufügen.

3) ANZEICHNUNG DER WÖRTER

Haben sie schon einmal versucht eine Anzeichnung zu verwenden? Sie könnten zum Beispiel die Wörter, die schwer zu finden sind, ankreuzen, die Wörter, die sie lieben, mit einem Stern, neue Wörter mit einem Dreieck, seltene Wörter mit einem Diamant usw … anzeichnen

4) IHR LERNEN ORGANISIEREN

Am Ende dieser Ausgabe bieten wir auch ein praktisches **NOTIZBUCH** an. Ob im Urlaub, auf Reisen oder zu Hause, sie können ihr neues Wissen ganz einfach organisieren, ohne ein zweites Notizbuch zu benötigen!

5) SIND SIE AM SCHLUSS ?

Gehen sie zum Bonusbereich : **MONSTER-HERAUSFÖRDERUNG,** um ein kostenloses Spiel zu finden, das am Ende dieser Ausgabe angeboten wird !

Lust auf mehr Spaß und Lernaktivitäten? Schnell und einfach :
eine ganze Spielbuchsammlung mit einem einzigen Klick erhaltbar :

Mit diesem Link finden sie ihre nächste Herausforderung :

BestActivityBooks.com/MeineNachsteWortsuche

Achtung, fertig, ... Los !!

Wussten sie, dass es auf der Welt ungefähr 7.000 verschiedene Sprachen gibt ? Wörter sind kostbar.

Wie lieben Sprachen und haben schwer daran gearbeitet, die Bücher von höchster Qualität für sie zu entwerfen. Unsere Zutaten ?

Eine Auswahl von angepassten Lernthemen, drei große Scheiben Spaß, dann fügen wir einen Löffel schwieriger Wörter und eine Prise seltener Wörter hinzu. Wir servieren sie mit Sorgfalt und ein Maximum an Freude, damit sie die besten Wortspiele lösen und Spaß am Lernen haben.

Ihre Meinung ist wichtig. Sie können aktiv zum Erfolg dieses Buches beitragen, indem sie uns eine Bemerkung hinterlassen. Sagen sie uns, was ihnen an dieser Ausgabe am besten gefallen hat !!

Hier ist ein kurzer Link, der sie zu ihrer Bewertungsseite führt

<u>BestBooksActivity.com/Rezension50</u>

Vielen Dank für ihre Hilfe und viel Spaß

Linguas Classics

1 - Gesundheit und Wellness #2

Ц	О	Г	Ш	Ф	Б	К	С	Е	Е	Л	Т	Е	С
Д	Г	Е	Ш	П	Т	Л	А	Б	О	Р	О	В	Х
Г	Б	Н	Р	Ь	Я	Н	І	Л	В	Ж	Є	К	Е
Щ	Б	Е	Д	Ж	Ю	Н	Ш	К	О	І	Д	Р	Ь
Ґ	Ц	Т	И	Т	Е	П	А	І	А	Р	П	О	Т
Б	Р	И	Ш	Р	Н	О	Щ	Л	И	Р	І	В	К
А	А	К	Ф	О	Р	И	З	И	К	И	Н	Я	С
Г	Н	А	Ш	П	В	І	Т	А	М	І	Н	Я	С
А	Є	А	Ґ	С	Е	Р	Т	С	Р	Р	І	І	П
В	І	Т	Т	І	Н	Ф	Е	К	Ц	І	Я	Г	А
Є	Г	Є	Ш	О	Е	Н	Е	Р	Г	І	Я	Р	Т
Є	І	І	П	Ю	М	Я	М	Б	Д	М	М	Е	И
Ш	Г	Д	С	Т	Ж	І	Ц	І	Ж	А	У	Л	Щ
Ш	К	П	Ч	І	Ю	Л	Я	И	Ж	А	С	А	М

АЛЕРГІЯ
АНАТОМІЯ
АПЕТИТ
КРОВ
ДІЄТА
ЕНЕРГІЯ
ГЕНЕТИКА
ВАГА
ГІГІЄНА
ІНФЕКЦІЯ
КАЛОРІЯ
ЛІКАРНЯ
ХВОРОБА
МАСАЖ
РИЗИКИ
СПАТИ
СПОРТ
СТРЕС
ВІТАМІН

2 - Ozean

К	Д	Ж	Л	Л	Ц	П	Д	М	М	К	К	К	М
Д	Р	О	Г	У	В	Л	С	Я	Ф	И	Р	О	Е
С	Е	Е	У	С	Т	Р	И	Ц	Я	Т	А	Р	Д
Ч	А	Л	В	Ж	Г	Я	И	К	У	Ч	Б	А	У
И	К	Ж	Ь	Е	Ч	І	И	Б	О	Е	П	Л	З
Ш	Я	О	Є	Ф	Т	Б	И	У	Г	Р	Р	О	А
Ч	О	В	Е	Н	І	К	Ґ	Р	У	Е	И	В	Б
Щ	Н	І	П	И	С	Н	И	Я	Б	П	П	И	И
Щ	Ф	А	Т	У	Н	Е	Ц	Ь	К	А	Л	Й	Р
В	О	С	Ь	М	И	Н	І	Г	А	Х	И	Л	А
Г	Ш	А	Ц	Р	Я	Л	Я	В	С	А	В	Ф	К
Р	Б	С	Е	А	Х	Г	В	К	Ц	І	И	К	У
Х	В	И	Л	І	А	Ш	Х	И	У	П	Л	Ш	Л
Д	І	Ю	Ф	Ч	Ф	П	М	І	Я	Т	Ґ	Ь	А

ВУГОР
УСТРИЦЯ
ЧОВЕН
ДЕЛЬФІН
РИБА
КРЕВЕТКИ
ПРИПЛИВИ
АКУЛА
КОРАЛОВИЙ
КРАБ
ВОСЬМИНІГ
МЕДУЗА
РИФ
СІЛЬ
ЧЕРЕПАХА
ГУБКА
БУРЯ
ТУНЕЦЬ
КИТ
ХВИЛІ

3 - Meditation

Д	Х	В	Р	У	И	Р	Ґ	И	П	Р	Щ	П	М
П	У	Ю	Ч	О	У	Г	Н	І	Е	О	А	Р	Ґ
О	Р	М	О	Е	З	Я	Щ	О	Р	З	С	И	Д
Д	Н	Ж	К	Є	Н	У	Ф	Я	С	У	Т	Р	О
Я	И	А	Ш	И	Т	Н	М	М	П	М	Я	О	Б
К	Я	А	П	Й	Р	С	Я	И	Е	О	У	Д	Р
А	Ш	Ф	Ц	И	М	Х	Н	Р	К	В	В	А	О
Я	Т	Т	Я	Н	Й	И	Р	П	Т	И	А	Г	Т
Я	И	И	Ц	Й	Г	И	П	Г	И	Й	Г	С	А
Ж	Щ	Щ	С	І	В	А	К	Л	В	О	А	Ш	Є
М	У	З	И	К	А	Е	Н	Р	А	Ґ	Б	Я	Ь
І	Щ	Є	Ч	О	С	П	І	В	Ч	У	Т	Т	Я
С	Ф	С	Ґ	П	Д	И	Х	А	Н	Н	Я	П	Я
В	Р	М	Г	С	Я	С	Н	І	С	Т	Ь	Ш	М

ПРИЙНЯТТЯ
ДИХАННЯ
УВАГА
РУХ
ПОДЯКА
ДОБРОТА
МИР
ДУМКИ
РОЗУМОВИЙ
ЩАСТЯ

ЯСНІСТЬ
ВЧЕННЯ
СПІВЧУТТЯ
МУЗИКА
ПРИРОДА
ПЕРСПЕКТИВА
СПОКІЙНИЙ
ТИША
РОЗУМ

4 - Archäologie

Е	Ж	А	Н	Є	А	Р	Е	Є	В	І	Б	Ч	К
И	К	Ж	Я	Ц	И	Н	М	Є	А	Т	В	Ш	О
Т	Ь	С	Ю	У	И	Ч	А	Л	И	Г	О	М	М
У	Г	У	П	Т	Е	Д	Р	Л	Щ	Н	Ц	І	А
П	Х	С	Д	Е	Г	У	Х	Ю	І	М	Ц	Є	Н
Р	З	В	О	Ц	Р	Ш	П	М	Ш	З	В	А	Д
О	А	И	С	П	Г	Т	Є	К	Ц	С	М	О	А
Ф	Б	К	Л	Р	Е	Л	І	К	В	І	Я	Б	К
Е	У	О	І	К	Н	А	Щ	А	Д	К	А	Є	Н
С	Т	П	Д	Р	І	Ч	Ґ	Ж	Н	С	Ж	К	І
О	И	Н	Н	Є	Ґ	С	А	Ц	Ц	Ґ	Е	Т	Ц
Р	Й	И	И	А	Щ	Щ	Т	Ж	О	Ч	Н	Ж	О
Р	М	Й	К	У	І	Ф	Є	К	Б	Д	Ж	Д	Х
Н	Е	В	І	Д	О	М	И	Й	И	Ц	Ю	Б	У

АНАЛІЗ
ОЦІНКА
ЕРА
ЕКСПЕРТ
ДОСЛІДНИК
ВИКОПНИЙ
ТАЄМНИЦЯ
МОГИЛА
КІСТКИ
КОМАНДА
НАЩАДКА
ОБ'ЄКТ
ПРОФЕСОР
РЕЛІКВІЯ
ХРАМ
НЕВІДОМИЙ
ЗАБУТИЙ

5 - Gesundheit und Wellness #1

М	Ю	М	Р	Ж	К	Й	И	Н	В	И	Т	К	А
Т	Е	Р	А	П	І	Я	Л	Ж	М	П	Е	Л	В
В	І	Р	У	С	Г	І	Д	Е	Д	Е	Т	І	И
Л	Ї	Р	М	О	Л	Е	Р	Е	П	Щ	Р	Н	С
И	І	С	П	Е	У	У	Д	Є	І	Х	І	І	О
Л	Р	К	Д	А	Д	О	Л	О	Г	П	Ю	К	Т
К	Е	Е	У	М	Р	И	К	Т	С	І	К	А	А
Ц	Т	Л	Д	В	Ш	Е	Ц	Ш	А	Ш	Ч	А	Л
Ф	К	Ф	Г	А	А	К	Е	И	В	Р	Е	Н	И
М	А	Е	С	Р	Н	Н	І	Р	Н	Т	Ґ	Ч	П
О	Б	Р	У	Т	Ж	П	Н	Р	Р	А	К	І	Л
М	Е	Д	И	Ч	Н	И	Й	Я	А	Я	І	Е	К
К	З	В	И	Ч	К	А	К	Е	Т	П	А	І	К
Р	О	З	С	Л	А	Б	Л	Е	Н	Н	Я	У	Х

АКТИВНИЙ
АПТЕКА
ЛІКАР
БАКТЕРІЇ
ЛІКУВАННЯ
РОЗСЛАБЛЕННЯ
ПЕРЕЛОМ
ЗВИЧКА
ШКІРА
ВИСОТА
ГОЛОД
КЛІНІКА
КІСТКИ
МЕДИЦИНА
МЕДИЧНИЙ
НЕРВИ
РЕФЛЕКС
ТЕРАПІЯ
ТРАВМА
ВІРУС

6 - Obst

О	Ж	И	Н	А	Т	Г	Щ	Ю	Н	Д	Ф	Я	Ю
Д	С	Л	Ю	Ж	Ш	Н	Е	Ж	Е	Д	І	Г	С
А	Ю	Г	Е	Н	Г	У	Л	О	К	Ш	П	О	Б
К	М	А	Л	И	Н	А	Р	Ь	Т	Щ	А	Д	Д
О	В	И	Ш	Н	Я	Ф	Т	Г	А	А	П	А	Н
В	И	Г	У	Ж	Н	Л	К	П	Р	Н	А	Ф	П
А	В	Ч	Т	С	И	Д	П	В	И	А	Й	Ш	Б
Ш	Ь	Ь	І	О	Д	А	Л	Г	Н	Н	Я	Ч	А
К	М	Н	Я	К	И	С	Р	Е	П	А	Р	В	Н
С	Ф	О	Н	И	І	М	А	Ш	О	С	Ж	Н	А
О	Л	М	Л	Р	Є	В	Я	Б	Л	У	К	О	Н
К	Є	И	М	Б	О	Є	І	Ц	Б	Ж	О	К	Є
О	Р	Л	В	А	О	Р	А	Н	Ж	Е	В	И	Й
К	Т	Ж	О	А	В	И	Н	О	Г	Р	А	Д	С

АНАНАС
ЯБЛУКО
АБРИКОС
АВОКАДО
БАНАН
ЯГОДА
ГРУША
ОЖИНА
МАЛИНА
ВИШНЯ
КІВІ
КОКОС
ДИНЯ
НЕКТАРИН
ОРАНЖЕВИЙ
ПАПАЙЯ
ПЕРСИК
СЛИВА
ВИНОГРАД
ЛИМОН

7 - Universum

Р	К	Н	А	К	Ф	Е	Є	Д	Г	П	А	Я	Ф
Х	Д	Л	В	Щ	Ш	К	Ь	О	О	І	Т	Х	С
Е	Є	И	Я	И	Й	В	Є	В	Р	В	М	Ц	Ц
М	О	Щ	Р	І	И	А	А	Г	И	К	О	Є	Х
О	Ш	Н	М	С	М	Т	Ф	О	З	У	С	Щ	Ф
Т	Р	Я	Е	Щ	И	О	Г	Т	О	Л	Ф	М	А
І	Т	Б	Т	А	Д	Р	Н	А	Н	Я	Е	І	С
Ш	О	Ф	І	Ь	И	Ґ	М	О	Т	Ц	Р	С	Т
Н	Е	Б	О	Т	В	Ч	Ж	Б	Р	Т	А	Я	Е
А	К	И	Т	К	А	Л	А	Г	И	Т	К	Ц	Р
Т	Е	Л	Е	С	К	О	П	Щ	Б	Р	С	Ь	О
Ш	И	Р	О	Т	А	З	О	Д	І	А	К	А	Ї
К	О	С	М	І	Ч	Н	И	Й	Є	Щ	С	Ч	Д
Ж	І	Г	И	Я	А	С	Т	Р	О	Н	О	М	Я

АСТЕРОЇД
АСТРОНОМ
АСТРОНОМІЯ
АТМОСФЕРА
ЕОН
ЕКВАТОР
ШИРОТА
ТЕМРЯВА
ГАЛАКТИКА
ПІВКУЛЯ
НЕБО
ГОРИЗОНТ
КОСМІЧНИЙ
ДОВГОТА
МІСЯЦЬ
ОРБІТА
ВИДИМИЙ
ТЕЛЕСКОП
ЗОДІАК

8 - Camping

Г	Н	Є	Б	Ч	П	Т	В	А	Р	И	Н	Ш	К
Ґ	А	Ш	Ф	Н	Г	О	Ч	Н	П	Я	Ь	В	А
Л	С	М	Ю	Є	О	К	Л	К	А	Н	О	Е	П
О	І	Я	А	Я	Р	О	П	Ю	В	У	І	А	Е
З	Л	Х	О	К	А	М	Р	В	В	Є	Є	С	Л
Е	Р	Є	Т	К	Ь	П	И	О	Н	А	Е	Г	Ю
Р	М	Б	Ґ	А	Ч	А	Р	Г	А	Т	Н	Т	Х
О	Г	Є	Ґ	Н	Р	С	О	О	М	Р	К	Н	Щ
Ь	Ц	Я	С	І	М	У	Д	Н	Е	А	Л	Щ	Я
Н	Ц	В	О	Б	Я	І	А	Ь	Т	К	Ч	У	Е
Л	Р	Ґ	Ж	А	К	З	У	Т	О	М	Ф	Ю	С
Ж	Ж	Ш	Х	К	В	Е	С	Е	Л	О	Щ	І	Ґ
У	Б	В	Щ	К	О	М	А	Х	А	Ш	Ш	Ь	Ш
Р	Я	Ф	П	Р	И	Г	О	Д	А	Ц	Щ	У	У

ПРИГОДА
ГОРА
ВОГОНЬ
ГАМАК
КАПЕЛЮХ
КОМАХА
ПОЛЮВАННЯ
КАБІНА
КАНОЕ
КАРТА
КОМПАС
ЛІХТАР
МІСЯЦЬ
ПРИРОДА
ОЗЕРО
МОТУЗКА
ВЕСЕЛОЩІ
ТВАРИН
ЛІС
НАМЕТ

9 - Zeit

С	Т	О	Л	І	Т	Т	Я	Р	Р	У	Ґ	Е	Ж
Д	И	Ч	В	Ч	О	Р	А	З	А	Р	А	З	Т
Є	Е	М	І	С	Я	Ц	Ь	Н	Б	Н	В	Л	Т
Д	Р	С	І	Н	Д	О	Г	О	Ь	С	О	И	Д
В	А	Л	Я	П	О	Л	У	Д	Е	Н	Ь	К	О
Х	Д	У	К	Т	Й	П	М	Ґ	Н	Б	В	І	Ш
Ь	Н	Е	Д	Ж	И	Т	С	Г	Ґ	Т	Ч	Р	Є
Я	Е	Ю	Ш	П	Н	Л	Г	Ц	Д	Я	Е	А	Р
Н	Л	Ь	Н	О	Ч	С	І	Г	О	Д	И	Н	А
Л	А	П	Ц	Ц	І	Х	Ґ	Т	Г	Л	П	И	Ю
Ф	К	Ю	С	Ж	Р	Д	Ц	Н	Т	М	І	Л	Х
С	Ь	Т	Х	К	О	Д	Е	Н	Ь	Я	С	И	У
Е	У	С	Я	Ж	Щ	Ф	І	П	І	А	Л	В	Л
Д	Г	О	Д	И	Н	Н	И	К	А	У	Я	Х	Ґ

ВЧОРА
СЬОГОДНІ
РІК
СТОЛІТТЯ
ДЕСЯТИЛІТТЯ
ЩОРІЧНИЙ
ЗАРАЗ
КАЛЕНДАР
ХВИЛИНА
ПОЛУДЕНЬ

МІСЯЦЬ
РАНОК
ПІСЛЯ
НІЧ
ГОДИНА
ДЕНЬ
ГОДИННИК
ДО
ТИЖДЕНЬ

10 - Säugetiere

Ш	М	И	О	К	І	Н	Ь	Б	Я	Ц	В	І	В
І	А	Т	Л	В	Н	Щ	А	П	И	С	Е	П	Т
С	Л	О	Н	Т	Б	О	Б	Е	Р	К	Д	А	К
Ч	И	Й	К	Ґ	І	Ц	Б	И	У	Ж	М	Н	С
К	Р	О	Щ	Х	Л	С	Т	Л	Щ	У	І	Т	Є
И	О	К	Ж	Я	А	Р	Б	Е	З	Г	Д	Е	В
С	Г	Б	А	Щ	У	Ґ	Х	В	Ґ	Щ	Ь	Р	Т
І	Ь	Ю	Щ	К	И	Т	О	Л	Р	Т	Ю	А	Л
А	Е	Е	Л	К	Ц	Ґ	У	Ф	А	В	И	М	Ф
Ь	Ж	Н	Я	П	И	И	Х	И	Д	Т	Е	Г	А
Ш	Ф	Ґ	А	Е	Я	В	Л	И	С	И	Ц	Я	Р
Ф	Л	Ь	Щ	Щ	Е	О	Ж	А	Н	П	Р	Ю	И
К	Я	А	К	А	П	В	А	М	Є	Є	Е	К	Ж
У	Р	У	Г	Н	Е	К	И	Ж	Т	Б	Ж	С	Ж

МАВПА
ВЕДМІДЬ
БОБЕР
СЛОН
ЛИСИЦЯ
ЖИРАФ
ГОРИЛА
ПЕС
КЕНГУРУ
КОЙОТ
ЛЕВ
ПАНТЕРА
КІНЬ
ЩУР
ВІВЦЯ
БИК
ТИГР
КИТ
ВОВК
ЗЕБРА

11 - Algebra

К	І	Ф	А	Р	Г	Д	Д	Р	Е	С	Ф	В	Ц
И	І	Й	И	Н	Й	І	Н	І	Л	Я	А	І	У
Н	Ґ	Л	Ч	Ц	Х	Ґ	Ц	В	О	Д	К	Д	Ж
З	Ч	Ж	Ь	Л	У	Н	Е	Н	М	Х	Т	Н	П
А	М	У	С	К	Х	Ш	Д	Я	А	И	О	І	О
К	И	Ґ	В	Щ	І	Б	Ш	Н	Т	И	Р	М	М
О	Л	С	И	Ч	К	С	Ц	Н	Р	З	П	А	И
П	У	У	И	Б	У	Е	Т	Я	И	М	Р	Н	Л
Д	І	А	Г	Р	А	М	А	Ь	Ц	І	О	Н	К
В	И	Р	І	Ш	И	Т	И	П	Я	Н	Б	Я	О
Ф	О	Р	М	У	Л	А	Я	Ю	С	Н	Л	Є	В
Р	І	Ш	Е	Н	Н	Я	О	І	Ц	А	Е	М	И
С	П	Р	О	С	Т	И	Т	И	И	У	М	Н	Й
Я	П	А	Є	Е	Ґ	Ю	Ш	Ц	Г	Ф	А	Г	Ь

ДІАГРАМА
ПОКАЗНИК
ФАКТОР
ПОМИЛКОВИЙ
ФОРМУЛА
РІВНЯННЯ
ГРАФІК
ЛІНІЙНИЙ
ВИРІШИТИ
РІШЕННЯ
МАТРИЦЯ
КІЛЬКІСТЬ
НУЛЬ
ЧИСЛО
ПРОБЛЕМА
ВІДНІМАННЯ
СУМА
ЗМІННА
СПРОСТИТИ

12 - Philanthropie

Г	Р	О	М	А	Д	А	Б	Е	Р	Т	О	П	Р
У	П	Х	М	Ш	Л	Ь	Т	С	І	Н	С	Е	Ч
К	О	Н	Т	А	К	Т	И	Д	Ю	Л	А	Ц	Е
Р	Ц	Й	И	К	Ь	С	Д	А	М	О	Р	Г	И
Б	І	Б	И	П	Я	І	А	Д	А	Д	К	Т	Й
В	Л	Ц	М	Е	Ш	Р	Ф	І	Н	А	Н	С	И
М	І	Г	А	Д	У	Д	Д	І	Т	И	Є	Ж	Н
Г	О	Х	Р	А	Ь	Е	І	К	Р	Ь	Н	Т	Ь
К	В	Л	Г	У	Ч	Щ	С	Б	П	Д	Л	Ь	Л
И	Т	А	О	Є	П	Г	Т	К	О	Ш	Т	И	А
Н	С	Е	Р	Д	Ж	И	О	О	Я	Н	Я	Ж	Б
Ц	Д	В	П	Ш	Ь	П	Р	И	О	Є	Б	Я	О
Г	Ю	Е	Щ	Щ	Е	Ю	І	Н	С	Ш	Х	О	Л
П	Л	Н	Ь	Ц	Ф	Ц	Я	І	С	І	М	У	Г

ПОТРЕБА
ЧЕСНІСТЬ
ФІНАНСИ
ГРОМАДА
ІСТОРІЯ
ГЛОБАЛЬНИЙ
ЩЕДРІСТЬ
ГРУПИ
МОЛОДЬ
ДІТИ
КОНТАКТИ
ЛЮДИ
ЛЮДСТВО
МІСІЯ
КОШТИ
ГРОМАДСЬКИЙ
ПРОГРАМИ
ЦІЛІ

13 - Diplomatie

Г	Р	О	М	А	Д	А	Є	Є	Щ	Ф	У	Ь	П
Д	Я	Р	У	К	О	Н	Ф	Л	І	К	Т	Т	Е
Д	Щ	І	И	Д	О	Г	О	В	І	Р	П	С	П
Н	Н	Ш	Д	В	Р	Е	З	О	Л	Ю	Ц	І	Я
Р	М	Е	І	Н	О	З	Е	М	Н	И	Й	Н	Н
Б	Ь	Н	М	Т	Г	М	П	Р	К	Е	Ю	С	Н
Б	Ь	Н	Ґ	О	Г	Є	О	А	У	Т	О	І	Е
Ш	Е	Я	Ю	П	Щ	П	Л	Д	Ґ	И	Є	Л	Р
Ц	Щ	З	Ш	Ч	Ю	Ц	І	Н	Е	К	У	І	О
І	М	М	П	Ц	Т	Т	Т	И	Г	А	Ґ	Ц	В
И	В	О	Ь	Е	Ф	Ч	И	К	Я	Ґ	Г	Е	О
Е	У	О	Ч	С	К	В	К	П	О	С	О	Л	Г
Р	Р	І	Н	В	Р	А	А	В	Ф	Г	Р	Є	Б
Д	И	П	Л	О	М	А	Т	И	Ч	Н	И	Й	О

РЕЗОЛЮЦІЯ
ІНОЗЕМНИЙ
РАДНИК
ПОСОЛ
ДИПЛОМАТИЧНИЙ
ОБГОВОРЕННЯ
ЕТИКА
ГРОМАДА
ЦІЛІСНІСТЬ
КОНФЛІКТ
РІШЕННЯ
ПОЛІТИКА
УРЯД
БЕЗПЕКА
МОВИ
ДОГОВІР

14 - Astronomie

С	С	К	В	Т	В	А	Н	О	Р	Т	С	А	З
У	Ж	Ь	С	У	Є	Л	С	О	М	С	О	К	О
П	Х	Щ	Е	М	Л	П	У	Т	Ш	Є	Д	І	Д
У	Д	С	С	А	К	Р	І	З	Е	Х	П	Б	І
Т	Т	Г	В	Н	И	М	О	Н	О	Р	Т	С	А
Н	Е	І	І	Н	К	О	М	Е	Т	А	О	Е	К
И	Л	І	Т	І	М	І	С	Я	Ц	Ь	Б	Ї	Є
К	Е	Р	Д	С	П	Ж	Б	Ж	А	Ф	Е	Щ	Д
Ґ	С	С	Н	Т	Ю	Л	Щ	К	Н	Я	Н	Х	З
Х	К	В	У	Ь	П	Х	А	Т	Е	К	А	Р	Е
У	О	Ґ	Ґ	З	А	В	О	Н	Д	А	Н	Н	М
И	П	Л	Щ	Н	І	Я	Ш	Т	Е	И	Л	Д	Л
М	Е	Т	Е	О	Р	Р	Ш	Ч	Я	Т	Ц	А	Я
С	Ж	Ґ	І	Ж	Т	Т	Я	И	Н	Ц	А	Б	Ш

АСТЕРОЇД
АСТРОНАВТ
АСТРОНОМ
ЗЕМЛЯ
НЕБО
КОМЕТА
СУЗІР'Я
КОСМОС
МЕТЕОР
МІСЯЦЬ
ТУМАННІСТЬ
ПЛАНЕТА
РАКЕТА
СУПУТНИК
ЗІРКА
НАДНОВА
ТЕЛЕСКОП
ЗОДІАК
ВСЕСВІТ

15 - Ballett

Р	Е	П	Е	Т	И	Ц	І	Я	Н	І	И	С	Х
С	Х	А	Ц	А	К	Ч	И	В	А	Н	Т	Т	О
Т	В	Ч	А	А	С	Й	Б	Є	М	Т	И	Р	Р
Д	І	Я	Ф	К	Е	И	Й	С	Й	Е	Ю	О	Е
С	Т	І	Б	І	Л	Н	І	Ч	И	Н	К	Т	О
Т	С	Р	Ф	Н	П	З	Н	В	Н	С	И	И	Г
И	И	О	А	Х	О	А	Ж	Б	Е	И	Т	З	Р
Л	Р	Т	С	Е	К	Р	О	А	Ч	В	Ж	О	А
Ь	Ю	И	Г	Т	Б	И	Д	Л	Н	Н	Е	П	Ф
Ц	Ц	Д	М	Л	Ф	В	У	Е	О	І	С	М	І
Щ	Н	У	И	Я	Я	Ґ	Х	Р	Т	С	Т	О	Я
Т	А	А	О	Н	З	Ж	Ґ	И	И	Т	Х	К	Ґ
В	Т	М	А	Б	Р	И	К	Н	В	Ь	О	Р	О
М	У	З	И	К	А	Щ	Е	А	Т	Х	Г	Є	Ш

ВИТОНЧЕНИЙ
ОПЛЕСКИ
ВИРАЗНИЙ
БАЛЕРИНА
ХОРЕОГРАФІЯ
НАВИЧКА
ЖЕСТ
ІНТЕНСИВНІСТЬ
КОМПОЗИТОР
ХУДОЖНІЙ
МУЗИКА
М'ЯЗИ
ОРКЕСТР
РЕПЕТИЦІЯ
АУДИТОРІЯ
РИТМ
СОЛО
СТИЛЬ
ТАНЦЮРИСТІВ
ТЕХНІКА

16 - Strand

М	С	К	Р	В	І	Д	П	У	С	Т	К	А	Ф
О	С	О	Р	У	Г	Й	Щ	М	Ш	Щ	Ц	Л	Р
Р	Л	Д	Н	Д	Ш	І	І	С	Ь	І	У	Е	Р
Е	Н	А	С	Ц	М	Н	Е	В	О	Ч	А	І	Б
Х	Х	Ґ	Г	Ь	Е	И	И	Т	А	В	А	Л	П
И	М	Н	У	У	Г	С	М	К	Є	І	К	А	Ш
О	Т	К	Д	Ж	Н	А	Е	К	О	Р	Ь	Д	Я
Ь	Ґ	Р	А	У	Т	А	Г	Ф	С	Т	Л	Н	Є
Д	Ф	А	Я	Я	Б	Ж	Ґ	Ч	Я	С	О	А	А
Ш	Ф	Б	П	І	С	О	К	Щ	Ю	О	С	С	К
У	З	Б	Е	Р	Е	Ж	Ж	Я	К	О	А	Ш	Е
Р	Г	А	Е	Ф	Б	Я	І	М	Ґ	Ж	Р	О	Р
В	І	Т	Р	И	Л	Ь	Н	И	К	С	А	Є	О
М	П	В	Е	Р	Ф	Д	О	К	І	У	П	Ч	Ь

СИНІЙ
ЧОВЕН
ДОК
РУШНИК
ОСТРІВ
КРАБ
УЗБЕРЕЖЖЯ
ЛАГУНА
МОРЕ

ОКЕАН
ПАРАСОЛЬКА
РИФ
ПІСОК
САНДАЛІ
ПЛАВАТИ
ВІТРИЛЬНИК
СОНЦЕ
ВІДПУСТКА

17 - Geologie

В	И	К	О	П	Н	И	Й	О	Ю	П	Ц	Е	К
П	Й	І	Ц	Ь	Л	А	К	Ю	Ґ	Е	Ч	П	Є
И	Т	І	М	Г	А	Л	А	Т	С	Ч	Т	П	Т
К	Н	Б	Є	Ш	В	Ю	Х	Ь	Ф	Е	Ґ	О	Х
К	О	Р	Щ	Х	А	А	І	У	Ц	Р	А	В	К
А	Т	Н	Ц	И	К	Л	І	В	Ц	А	А	Ж	Т
М	А	М	Т	Г	Е	Й	З	Е	Р	Т	Ф	Б	В
І	Л	Х	Й	И	В	О	Л	А	Р	О	К	З	У
Н	П	Є	Т	Е	Н	Ь	Ю	І	У	Л	М	О	Л
Ь	С	Ю	П	Ф	Л	Е	Ю	Е	Г	С	Ш	Н	К
Я	І	З	О	Р	Е	Х	Н	Ф	Ж	И	Р	А	А
И	Л	А	Р	Е	Н	І	М	Т	Ч	К	Г	Є	Н
Ц	Ь	Ю	В	С	Т	А	Л	А	К	Т	И	Т	Г
З	Е	М	Л	Е	Т	Р	У	С	Ф	А	Д	Ч	Ч

ЗЕМЛЕТРУС
ЕРОЗІЯ
ВИКОПНИЙ
ГЕЙЗЕР
ПЕЧЕРА
КАЛЬЦІЙ
КОНТИНЕНТ
КОРАЛОВИЙ
ЛАВА
МІНЕРАЛИ
ПЛАТО
КВАРЦ
СІЛЬ
КИСЛОТА
СТАЛАГМІТИ
СТАЛАКТИТ
КАМІНЬ
ВУЛКАН
ЗОНА
ЦИКЛІВ

18 - Wissenschaft

Е	К	С	П	Е	Р	И	М	Е	Н	Т	М	М	Х
Л	А	Б	О	Р	А	Т	О	Р	І	Я	О	Е	О
А	Г	Т	У	Ґ	Д	Л	Ш	Г	Ч	М	Л	Т	Р
Ф	О	А	С	Л	О	Ю	М	І	И	Г	Е	О	Г
А	Ж	М	Д	Ф	Р	Т	І	П	С	Р	К	Д	А
В	Ж	І	Г	К	И	Д	Н	О	Ж	А	У	Ф	Н
Е	И	Л	А	Ь	Р	А	Е	Т	И	В	Л	І	І
В	Н	К	И	Т	П	Н	Р	Е	К	І	И	З	З
О	И	Ф	О	Б	О	І	А	З	Н	Т	И	И	М
Л	Л	Ц	А	П	Ч	М	Л	А	И	А	К	К	И
Ю	С	Я	Ф	К	Н	С	И	Ф	Т	Ц	Г	А	Е
Ц	О	Б	Л	Ч	Т	И	У	У	С	І	Т	А	К
І	Р	П	У	Я	Щ	К	Й	И	А	Я	С	Д	Ґ
Я	І	Ь	Ч	Х	Х	І	М	І	Ч	Н	І	И	Л

АТОМ
ХІМІЧНІ
ДАНІ
ЕВОЛЮЦІЯ
ЕКСПЕРИМЕНТ
ВИКОПНИЙ
ГІПОТЕЗА
КЛІМАТ
ЛАБОРАТОРІЯ
МЕТОД
МІНЕРАЛИ
МОЛЕКУЛИ
ПРИРОДА
ОРГАНІЗМ
ЧАСТИНКИ
РОСЛИНИ
ФІЗИКА
ГРАВІТАЦІЯ
ФАКТ

19 - Bildende Kunst

Т	Ф	М	П	Т	Ж	Ь	Ш	Щ	Ю	Ж	Ж	Ж	Г
В	І	О	А	Р	У	Т	К	Е	Т	І	Х	Р	А
О	Л	Л	Д	В	Ф	Ф	С	Н	Д	Т	Ш	И	В
Р	Ь	Ь	Й	У	Г	Л	І	Г	Ц	Е	М	А	И
Ч	М	Б	Е	С	Е	А	В	Л	Е	Р	В	О	Т
І	М	Е	Р	В	К	К	Д	И	Щ	А	Д	Р	К
С	Ґ	Р	К	Ю	Щ	У	І	Н	Н	Ф	Д	Р	Е
Т	Щ	Т	Щ	Ф	Ж	Ф	Л	А	І	А	К	П	П
Ь	П	О	Р	Т	Р	Е	Т	Ь	П	Р	К	Г	С
К	Е	Р	А	М	І	К	А	Щ	П	Т	Ч	Б	Р
Ф	О	Т	О	Г	Р	А	Ф	І	Я	Т	Н	Є	Е
С	К	Л	А	Д	Р	Р	У	Ч	К	А	У	К	П
Х	У	Д	О	Ж	Н	И	К	Ж	І	Є	К	Р	Ч
О	Л	І	В	Е	Ц	Ь	Е	У	Щ	Ж	Є	Ш	А

АРХІТЕКТУРА
ОЛІВЕЦЬ
ФІЛЬМ
ФОТОГРАФІЯ
КЕРАМІКА
ТВОРЧІСТЬ
КРЕЙДА
ХУДОЖНИК
ЛАК
ШЕДЕВР
ПЕРСПЕКТИВА
ПОРТРЕТ
ТРАФАРЕТ
СКУЛЬПТУРА
МОЛЬБЕРТ
РУЧКА
ГЛИНА
ВІСК
СКЛАД

20 - Sport

Г	Г	О	Л	Ь	Ф	С	Щ	Х	Г	Я	С	Б	К
Ц	Р	В	Е	Л	О	С	И	П	Е	Д	Ч	А	Ч
Г	Т	А	Н	О	І	П	М	Е	Ч	Б	А	С	Ц
Г	П	К	В	Ю	Ґ	У	Щ	Л	Х	Ж	С	К	Е
І	Л	И	Х	Е	Я	О	Ґ	Л	Б	М	И	Е	Ш
М	А	Т	О	П	Ц	Л	Н	О	І	Д	А	Т	С
Н	В	С	К	Ґ	П	Ь	Е	Б	Т	Ь	А	Б	В
А	А	А	Е	Г	Р	А	М	С	Н	Е	Д	О	Є
З	Т	Н	Й	І	Х	Ц	С	Й	В	Д	Н	Л	Ю
І	И	М	К	П	Ж	У	Т	Е	К	І	А	І	С
Я	Х	І	Ж	Н	В	Ж	Р	Б	Т	Ґ	М	О	С
Ф	Ч	Г	Я	В	Є	Щ	О	Л	Г	Е	О	О	Л
С	У	Д	Д	Я	М	Л	П	Ф	Ф	Є	К	О	С
Х	Р	І	Ш	У	Ш	И	С	Т	Р	Е	Н	Е	Р

СПОРТСМЕН
БЕЙСБОЛ
БАСКЕТБОЛ
РУХ
ХОКЕЙ
ВЕЛОСИПЕД
ГОЛЬФ
ГІМНАЗІЯ
ГІМНАСТИКА
КОМАНДА
ЧЕМПІОНАТ
СУДДЯ
ПЛАВАТИ
ГРА
ГРАВЕЦЬ
СТАДІОН
ТЕНІС
ТРЕНЕР

21 - Mythologie

Д	І	С	К	У	Л	Ь	Т	У	Р	А	В	Р	Ч
П	И	М	Х	Ю	Т	Л	Л	С	Р	Л	О	Е	А
Ф	Ш	Е	І	Я	К	Ґ	Ц	А	И	І	Ї	Є	Р
И	Я	Р	І	П	У	Ж	Ь	О	Л	Л	Н	Ж	І
П	И	Т	Е	Х	Р	А	Я	О	И	Ч	А	Л	В
Ц	И	Н	М	О	Н	С	Т	Р	Х	О	Б	Е	Н
Г	Ю	И	П	Г	И	Ф	Р	О	О	А	Н	Г	И
Р	Р	Й	О	Р	Е	Г	Е	К	Т	Щ	Я	Е	Й
Ч	А	І	Д	Т	Д	Є	М	Ф	У	С	Щ	Н	Л
Є	К	А	М	А	І	М	С	Щ	А	Б	І	Д	Ц
П	О	М	С	Т	А	Ц	З	К	Л	К	Ш	А	Х
Р	У	І	Щ	О	Н	В	Е	Р	Д	Ж	Р	Т	Ь
Щ	И	Т	Н	И	Р	І	Б	А	Л	С	Х	Є	О
С	Т	В	О	Р	Е	Н	Н	Я	Ґ	Ч	Я	Б	Г

АРХЕТИП
ГРІМ
РЕВНОЩІ
ГЕРОЙ
НЕБО
ЛИХО
СТВОРЕННЯ
ІСТОТА
ВОЇН
КУЛЬТУРА
ЛАБІРИНТ
ЛЕГЕНДА
ЧАРІВНИЙ
МОНСТР
ПОМСТА
СИЛА
СМЕРТНИЙ
БЕЗСМЕРТЯ

22 - Restaurant #2

Ь	Ь	Л	І	С	А	Ь	Ґ	С	И	Ґ	М	П	Н
А	С	К	І	Ґ	Т	Х	Х	М	В	П	Ю	Я	А
Н	А	С	Ц	Д	І	Б	О	А	К	Ж	О	Л	П
И	Л	Р	Н	Ч	М	К	Ж	Ч	Н	В	И	Х	І
Ш	А	О	И	І	Х	Ж	Л	Н	Щ	Н	І	И	Й
К	Т	Д	Є	Б	О	А	Е	И	Щ	В	А	Б	С
О	В	О	Ч	І	А	О	Ї	Й	Т	О	Х	П	Б
Л	Є	М	Ч	Н	К	О	Ф	І	Ц	І	А	Н	Т
З	А	К	У	С	К	А	С	Ч	Ц	Є	Г	А	Р
Ф	С	Ь	М	Ю	Є	Д	У	Р	М	Е	Н	Я	О
К	Р	І	С	Л	О	О	П	К	Є	У	П	А	Т
Г	Ф	Р	У	К	Т	В	И	Л	К	А	В	С	П
Б	Г	Щ	О	Ґ	С	Р	Е	С	Б	П	Х	К	Н
В	Е	Ч	Е	Р	Я	Д	Н	Ґ	И	Ю	А	Ь	Х

ВЕЧЕРЯ
ЛІД
РИБА
ФРУКТ
ВИЛКА
ОВОЧІ
НАПІЙ
СПЕЦІЇ
ОФІЦІАНТ
СМАЧНИЙ
ТОРТ
ЛОЖКА
ОБІД
ЛОКШИНА
САЛАТ
СІЛЬ
КРІСЛО
СУП
ЗАКУСКА
ВОДА

23 - Schokolade

У	О	И	К	П	О	Р	О	Ш	О	К	П	Л	Г
Ж	Л	Ь	Ь	О	А	К	А	К	Н	Ґ	А	П	І
М	Д	Ю	М	Ґ	К	С	В	К	С	Т	М	С	Р
Т	Є	Ф	Б	Ц	Р	О	К	У	Ц	Я	О	Е	К
Й	І	Р	О	Л	А	К	С	І	Х	А	Р	А	И
Я	В	Є	Ґ	Г	Е	С	Б	Л	Є	У	Ж	Р	Й
В	К	Ж	Я	Щ	І	Н	Ч	И	Т	О	З	К	Е
П	С	І	Я	Я	Ч	Й	И	К	Д	О	Л	О	С
С	М	К	С	Ф	Г	Є	Н	Й	Т	П	Е	Р	А
Е	А	П	І	Т	П	Е	Ц	Е	Р	Ц	Х	Е	Р
И	К	П	Є	Ф	Ь	Л	Е	М	А	Р	А	К	О
А	Н	Т	И	О	К	С	И	Д	А	Н	Т	Ф	М
Х	Е	І	Н	Г	Р	Е	Д	І	Є	Н	Т	Є	А
С	М	А	Ч	Н	И	Й	Г	Ф	Б	А	Ь	К	Т

АНТИОКСИДАНТ
ГІРКИЙ
АРАХІС
ЕКЗОТИЧНІ
УЛЮБЛЕНИЙ
АРОМАТ
СМАК
КАКАО
КАЛОРІЙ
КАРАМЕЛЬ
КОКОС
СМАЧНИЙ
ПОРОШОК
ЯКІСТЬ
РЕЦЕПТ
СОЛОДКИЙ
ЦУКОР
ІНГРЕДІЄНТ

24 - Boote

С	У	К	І	К	Ь	С	Р	О	М	Ш	Ґ	Р	Б
Є	К	О	А	Х	А	Л	Г	О	Щ	Щ	І	І	У
І	Ж	Д	В	Я	Ґ	Н	У	Г	И	В	Д	Ч	Й
Е	Ж	А	П	І	К	Е	О	Р	Е	З	О	К	У
В	Щ	Х	В	И	Л	І	Ю	Е	Н	Є	Щ	А	Ш
О	К	Е	А	Н	Х	И	Ґ	Ш	Р	Ж	Щ	Я	А
О	Ц	О	Ь	А	С	Д	А	Б	І	О	Г	І	И
Г	Г	К	Ш	Б	Щ	М	М	І	К	Я	М	Ж	Ч
О	Е	И	Ж	Л	Ґ	Т	П	Ж	Я	Х	О	Ж	Б
Г	М	О	Р	Я	К	М	Д	Х	Ч	Т	Р	Ц	В
В	І	Т	Р	И	Л	Ь	Н	И	К	А	О	Р	Ь
М	О	Т	У	З	К	А	Ф	Т	І	Л	П	Ж	П
Т	Р	К	Е	Я	Щ	Б	У	Г	Ю	Ш	Ґ	Х	Щ
М	Ж	Ц	М	Д	Н	Ш	Х	Ґ	Є	В	Ю	Л	Х

ЯКІР
БУЙ
ЕКІПАЖ
ДОК
ПОРОМ
ПЛІТ
РІЧКА
КАЯК
КАНОЕ
ЩОГЛА
МОРЕ
ДВИГУН
МОРСЬКІ
ОКЕАН
ОЗЕРО
МОРЯК
ВІТРИЛЬНИК
МОТУЗКА
ХВИЛІ
ЯХТА

25 - Stadt

Ф	Р	У	Є	Р	Ю	С	Ю	С	Д	Н	У	С	У
В	Л	И	Я	Т	С	Е	Т	Ц	Ь	Ц	Ь	Т	Н
К	А	О	Н	О	Л	А	С	А	Я	В	Ч	Р	І
Л	Е	К	Р	О	Ш	Г	Ж	Н	Д	П	Я	Б	В
І	Р	І	А	И	К	Н	А	Б	Щ	І	Ж	Б	Е
Н	О	Н	К	К	С	М	К	Є	Р	Т	О	С	Р
І	П	О	Е	Ж	В	Т	Е	С	Я	М	Г	Н	С
К	О	К	П	Щ	Ч	Ч	Т	М	У	З	Е	Й	И
А	Р	Л	М	Ь	Д	П	П	Т	Е	А	Т	Р	Т
Л	Т	Я	Е	Р	Е	Л	А	Г	Є	А	Ю	М	Е
С	У	П	Е	Р	М	А	Р	К	Е	Т	Х	І	Т
Ш	К	О	Л	А	К	Е	Т	О	І	Л	Б	І	Б
Р	Е	С	Т	О	Р	А	Н	Г	О	Т	Е	Л	Ь
В	Л	Ь	З	О	О	П	А	Р	К	К	Ю	В	Щ

АПТЕКА
БАНК
ПЕКАРНЯ
БІБЛІОТЕКА
ФЛОРИСТ
АЕРОПОРТ
ГАЛЕРЕЯ
ГОТЕЛЬ
КІНО
КЛІНІКА
РИНОК
МУЗЕЙ
РЕСТОРАН
САЛОН
ШКОЛА
СТАДІОН
СУПЕРМАРКЕТ
ТЕАТР
УНІВЕРСИТЕТ
ЗООПАРК

26 - Aktivitäten

Р	Я	Н	Н	А	В	Ю	Л	О	П	К	Е	Д	Ш
И	У	А	К	І	М	А	Р	Е	К	Ц	Т	О	П
Б	Т	В	Ш	Р	Е	М	Е	С	Л	А	Ж	З	Е
О	Т	И	И	Ю	Г	П	І	А	Р	Ґ	Є	В	Ж
Л	А	Ч	Т	К	Е	М	П	І	Н	Г	І	І	Ч
О	Н	К	Т	Ф	Р	В	Ц	И	Г	М	Н	Л	И
В	Ц	А	Я	Б	Г	Ц	Щ	Т	Б	І	Т	Л	Т
Л	І	І	Б	П	Я	І	Г	Р	И	Я	Е	Я	А
Я	Д	І	Я	Л	Ь	Н	І	С	Т	Ь	Р	М	Н
Ц	О	Щ	П	Ґ	І	Е	Н	Б	Н	Ч	Е	А	Н
І	Є	Ч	И	Є	Е	Е	І	А	О	Ф	С	Г	Я
М	И	С	Т	Е	Ц	Т	В	О	З	Л	И	І	Е
Ф	О	Т	О	Г	Р	А	Ф	І	Я	Я	Ь	Я	В
С	А	Д	І	В	Н	И	Ц	Т	В	О	В	Ґ	У

ДІЯЛЬНІСТЬ
РИБОЛОВЛЯ
КЕМПІНГ
НАВИЧКА
ФОТОГРАФІЯ
ДОЗВІЛЛЯ
САДІВНИЦТВО
ІНТЕРЕСИ
ПОЛЮВАННЯ

КЕРАМІКА
МИСТЕЦТВО
РЕМЕСЛА
ЧИТАННЯ
МАГІЯ
ШИТТЯ
ІГРИ
В'ЯЗАННЯ
ТАНЦІ

27 - Bienen

Ц	І	Ґ	Р	Є	Ґ	Е	П	В	І	С	К	Є	Т
Ч	В	А	М	Е	Т	С	И	С	О	К	Е	Щ	К
В	Ґ	І	С	И	Н	И	Л	С	О	Р	Ц	Ш	А
С	Г	М	Т	Л	Т	Ґ	О	С	А	Д	Н	Н	Ґ
Я	К	Ю	Г	С	В	І	К	Щ	Ж	Б	О	Х	Ф
В	О	Р	Є	Д	Х	Ж	В	Ч	Ї	Д	С	Ь	Н
В	М	М	Ш	В	Ш	Л	Т	К	У	Р	Ф	Щ	Р
У	А	З	А	П	И	Л	Ь	Н	И	К	Р	І	Й
Л	Х	У	А	В	Е	Л	О	Р	О	К	А	У	Л
И	А	Є	В	Л	М	Е	Д	Ж	Ґ	П	Н	Б	Л
К	Т	Е	Т	Й	И	Н	Д	І	Г	И	В	Я	А
Ґ	Ц	К	Ш	В	Д	Р	Е	О	Е	Ґ	Ф	Х	К
Г	І	К	Т	Н	Т	Я	К	Л	Ш	Ю	Ф	Д	Д
Р	У	Т	Є	Ж	Ж	Я	Б	Ь	Ш	О	В	Ф	І

ЗАПИЛЬНИК
ВУЛИК
КВІТИ
ЦВІТ
ЇЖА
КРИЛА
ФРУКТ
САД
МЕД
КОМАХА
КОРОЛЕВА
ЕКОСИСТЕМА
РОСЛИНИ
ПИЛОК
ДИМ
РІЙ
СОНЦЕ
ВИГІДНИЙ
ВІСК

28 - Wissenschaftliche Disziplinen

М	Б	Ґ	А	Ю	Е	О	Е	Б	Ю	Ю	М	О	С
Є	Е	Н	Я	І	Г	О	Л	О	І	З	І	Ф	О
Р	Е	Х	Ю	Б	Е	С	Ф	Т	Л	И	Н	Ч	Ц
Н	К	П	А	Ц	Ц	Щ	К	А	І	Ґ	Е	Е	І
Е	О	О	М	Н	Ь	Ч	М	Н	Н	І	Р	І	О
В	Л	Ґ	П	Г	І	Ф	М	І	Г	Б	А	М	Л
Р	О	Ґ	Щ	В	Ж	К	Ю	К	В	І	Л	У	О
О	Г	П	Ш	В	К	Щ	А	А	І	О	О	Н	Г
Л	І	Ц	Ґ	Ф	Ц	Л	И	Ц	С	Х	Г	О	І
О	Я	І	Г	О	Л	О	І	Б	Т	І	І	Л	Я
Г	А	Н	А	Т	О	М	І	Я	И	М	Я	О	Я
І	Г	Е	О	Л	О	Г	І	Я	К	І	Р	Г	И
Я	Х	І	М	І	Я	Р	М	Е	А	Я	Ш	І	Г
П	С	И	Х	О	Л	О	Г	І	Я	О	Ф	Я	Б

АНАТОМІЯ
БІОХІМІЯ
БІОЛОГІЯ
БОТАНІКА
ХІМІЯ
ГЕОЛОГІЯ
ІМУНОЛОГІЯ
ЛІНГВІСТИКА
МЕХАНІКА
МІНЕРАЛОГІЯ
НЕВРОЛОГІЯ
ЕКОЛОГІЯ
ФІЗІОЛОГІЯ
ПСИХОЛОГІЯ
СОЦІОЛОГІЯ

29 - Vögel

Р	Ю	П	Є	К	Е	Г	Н	Щ	Л	Е	Р	О	К
Ю	И	Г	У	А	К	Д	І	Б	Е	Л	Р	Л	У
Щ	И	Ж	Т	К	Ф	Ґ	В	І	Л	Т	Х	Д	Р
Г	У	О	Ь	С	Б	А	Г	Е	Е	Ґ	И	Ґ	К
Р	М	Г	Ч	У	Ь	Н	Н	Б	К	Ю	Л	П	А
Е	Я	Н	В	Г	А	О	І	Ц	А	Р	И	Г	К
Ш	Г	І	Ф	Ч	Г	Р	П	М	К	Є	И	З	Ч
И	Н	М	Ж	П	У	О	Ц	Б	Й	Н	Ч	О	А
О	Ю	А	Ґ	Г	П	В	Р	Т	А	Л	Е	З	К
П	Е	Л	І	К	А	Н	Я	О	Ч	Ф	Ґ	У	Ь
Л	П	Ф	В	Ґ	П	О	Л	Й	Б	О	М	Л	И
П	А	В	И	Ч	Х	Р	П	Е	Ц	Е	Р	Я	Н
Г	О	Л	У	Б	Ц	О	А	Н	С	Е	Ц	І	Ж
Ф	О	С	О	В	А	В	Ч	К	Н	Т	И	Ь	С

ОРЕЛ
ЯЙЦЕ
КАЧКА
СОВА
ФЛАМІНГО
ГУСКА
КУРКА
ВОРОНА
ЗОЗУЛЯ
ЧАЙКА
ПАПУГА
ПЕЛІКАН
ПАВИЧ
ПІНГВІН
ВОРОН
ЧАПЛЯ
ЛЕБІДКА
ГОРОБЕЦЬ
ЛЕЛЕКА
ГОЛУБ

30 - Elektrizität

Р	П	О	З	И	Т	И	В	Н	И	Й	М	Т	О
Д	О	Т	Е	Л	Е	Ф	О	Н	З	Г	Е	Е	Б
Й	Р	З	Ь	Н	Р	С	Д	Ч	Б	Е	Р	Л	Л
И	И	О	Е	О	Б	Є	К	Т	Е	Н	Е	Е	А
Н	К	С	Т	Т	В	Ч	И	Г	Р	Е	Ж	Б	Д
Ч	Р	А	Н	И	К	Г	Н	Л	І	Р	А	А	Н
И	Ц	П	Б	Я	Ґ	А	Ф	Л	Г	А	Х	Ч	А
Р	Я	М	Н	Е	Р	Ю	Г	М	А	Т	Д	Е	Н
Т	М	А	Ж	Р	Л	В	Ь	А	Н	О	К	Н	Н
К	Б	Л	Т	А	С	Ь	Л	Г	Н	Р	Ь	Н	Я
Е	Л	Е	К	Т	Р	И	К	Н	Я	И	Р	Я	П
Л	О	М	Ь	А	Ь	Т	С	І	К	Ь	Л	І	К
Е	Б	Ю	Щ	Б	Ш	Ю	Ж	Т	Ш	А	І	Ґ	Є
Е	Я	Т	Л	А	З	Е	Р	Ю	К	Г	И	Ж	Ю

ОБЛАДНАННЯ
БАТАРЕЯ
ДРОТИ
ЕЛЕКТРИК
ЕЛЕКТРИЧНИЙ
ТЕЛЕБАЧЕННЯ
ГЕНЕРАТОР
КАБЕЛЬ
ЗБЕРІГАННЯ
ЛАМПА
ЛАЗЕР
МАГНІТ
КІЛЬКІСТЬ
МЕРЕЖА
ОБ'ЄКТ
ПОЗИТИВНИЙ
РОЗЕТКА
ТЕЛЕФОН

31 - Garten

Г	Б	Г	Д	Е	Р	Е	В	О	І	Д	Щ	Г	Ф
Н	Р	Ж	А	Р	А	Г	І	Л	Ю	Ь	І	С	Р
А	В	А	Л	З	К	О	Н	А	Г	Т	Б	Л	У
Л	У	В	Б	Ц	О	Ж	Я	А	Е	Ш	У	Д	К
Ш	Е	А	Ч	Л	М	Н	Р	Х	Х	Є	Т	Х	Т
Я	Є	Р	Е	Ь	І	Х	У	І	Ф	Н	Я	Д	О
А	К	Т	І	В	К	І	Б	Я	А	Ш	Ь	Р	В
Х	Ю	У	Т	Ь	А	П	Д	Г	Ж	Б	Т	Т	И
В	Я	Т	П	А	Р	К	А	Н	Б	Н	Ц	К	Й
Ґ	Е	А	Н	Щ	Р	К	В	У	Ш	Г	К	К	С
В	С	Б	Щ	У	К	О	В	А	Т	С	В	А	А
Ц	А	В	Т	Е	Р	А	С	А	В	Ж	Д	М	Д
Л	Д	Ш	Я	М	Ш	Ґ	Л	О	П	А	Т	А	Ж
Ж	Т	Т	Ч	Ц	Ц	Ґ	Р	Х	И	С	Ш	Г	Х

ЛАВА
ДЕРЕВО
КВІТКА
ҐРУНТ
КУЩ
ГАРАЖ
САД
ТРАВА
ГАМАК
ФРУКТОВИЙ САД
ГАЗОН
ГРАБЛІ
ЛОПАТА
ШЛАНГ
СТАВОК
ТЕРАСА
БАТУТ
БУР'ЯНІВ
ГАНОК
ПАРКАН

32 - Antarktis

Д	І	Д	Л	Ш	Р	Ц	А	Ш	Р	П	Л	К	В
Я	О	У	В	І	В	О	Д	А	Ч	Я	Ь	О	І
Н	Ч	С	Щ	Р	Д	В	П	Ж	В	У	О	Н	Т
Н	А	И	Л	А	Р	Е	Н	І	М	У	Д	Т	Р
Е	Ж	П	Я	І	Ц	А	Р	Г	І	М	О	И	И
Ж	К	Щ	Ц	К	Д	О	П	С	Щ	К	В	Н	Д
Е	П	С	Г	К	С	Н	Ю	Ь	П	Ь	И	Е	Ф
Р	О	Л	П	Б	П	Л	И	К	В	Е	К	Н	В
Е	Г	Т	Ґ	Е	Ь	С	Б	К	И	К	І	Т	Ф
Б	О	Я	И	Ґ	Д	П	Т	А	Х	Г	В	Х	Ґ
З	Д	Ц	У	Е	Щ	И	В	О	Д	Е	Р	Е	С
И	А	Я	П	Ш	С	Ж	Ц	Б	У	Х	Т	А	Т
Ц	В	І	Р	Т	С	О	В	І	П	Ц	Щ	П	Ь
А	К	В	Х	Щ	Й	И	Т	С	Я	Л	Е	К	С

БУХТА
ЛІД
ЗБЕРЕЖЕННЯ
ЕКСПЕДИЦІЯ
СКЕЛЯСТИЙ
ДОСЛІДНИК
ЛЬОДОВИКІВ
ПІВОСТРІВ
КОНТИНЕНТ
МІГРАЦІЯ
МІНЕРАЛИ
СЕРЕДОВИЩЕ
ПТАХ
ВОДА
ПОГОДА
ВІТРИ

33 - Fahren

О	Б	Е	Р	Е	Ж	Н	І	С	Т	Ь	Г	Г	Н
А	Л	І	Ц	Е	Н	З	І	Я	Ь	О	И	А	Е
Г	В	Ч	Х	Ь	К	Ц	Ц	Ь	Л	О	Л	З	Б
Б	А	А	В	А	Н	Т	А	Ж	І	В	К	А	Е
Е	Т	Л	Р	О	Т	О	М	А	Б	И	И	Ш	З
З	Р	М	Ь	І	Л	И	Є	Р	О	Л	Ц	В	П
П	А	К	Л	М	Я	Р	Ц	А	М	А	О	И	Е
Е	К	М	Е	Ґ	А	Ґ	Ь	Г	О	П	Т	Д	К
К	І	О	Н	Я	А	П	Ш	С	Т	С	О	К	А
А	Ф	С	У	Б	О	Т	В	А	В	А	М	І	Т
Р	А	Н	Т	Л	Щ	Я	Е	Т	А	Д	Т	С	Н
Є	Р	Б	Щ	Т	Н	Ж	Щ	Ь	У	Е	Ґ	Т	Є
Щ	Т	В	П	О	Л	І	Ц	І	Я	Т	Ч	Ь	И
Т	Р	А	Н	С	П	О	Р	Т	І	Г	Н	Щ	І

АВТОМОБІЛЬ
ГАЛЬМА
ПАЛИВО
АВТОБУС
ГАРАЖ
ГАЗ
НЕБЕЗПЕКА
ШВИДКІСТЬ
КАРТА
ЛІЦЕНЗІЯ
ВАНТАЖІВКА
МОТОР
МОТОЦИКЛ
ПОЛІЦІЯ
БЕЗПЕКА
ТРАНСПОРТ
ТУНЕЛЬ
АВАРІЯ
ТРАФІК
ОБЕРЕЖНІСТЬ

34 - Physik

Щ	Ґ	Е	М	О	Л	Е	К	У	Л	А	С	А	М
І	Є	Ю	К	Е	Л	Е	К	Т	Р	О	Н	С	М
Л	Ш	Ь	Т	С	І	Н	С	О	Н	Д	І	В	Е
Ь	Ґ	Е	Г	О	П	Я	Д	Е	Р	Н	И	Й	Х
Н	Х	Ю	З	А	Г	Е	Ф	Щ	Ґ	Е	І	Ю	А
І	У	Щ	Б	Х	О	И	Р	О	Д	Є	М	Ю	Н
С	І	М	Ч	Ґ	Е	Є	У	И	Р	Я	К	Є	І
Т	Н	У	Г	И	В	Д	А	Ш	М	М	Д	С	К
Ь	Ч	А	С	Т	О	Т	А	Л	М	Е	У	Б	А
Х	І	А	Т	О	М	Ц	Щ	Ю	Я	А	Н	Л	Ц
А	М	З	И	Т	Е	Н	Г	А	М	Є	Г	Т	А
О	І	Ю	Ґ	У	Ч	А	С	Т	И	Н	К	А	Б
І	Х	И	Ш	В	И	Д	К	І	С	Т	Ь	Д	Ж
П	Р	И	С	К	О	Р	Е	Н	Н	Я	Ж	Д	Ґ

АТОМ
ПРИСКОРЕННЯ
ХАОС
ХІМІЧНІ
ЩІЛЬНІСТЬ
ЕЛЕКТРОН
ЕКСПЕРИМЕНТ
ФОРМУЛА
ЧАСТОТА
ГАЗ
ШВИДКІСТЬ
МАГНЕТИЗМ
МАСА
МЕХАНІКА
МОЛЕКУЛА
ДВИГУН
ЯДЕРНИЙ
ЧАСТИНКА
ВІДНОСНІСТЬ

35 - Bücher

Г	Я	І	Н	Д	І	В	О	П	Д	І	В	С	П
Т	У	Ч	А	Д	І	В	О	П	О	С	С	Т	О
Р	В	М	Д	А	В	Т	О	Р	Л	Т	Е	О	Е
Ї	Е	П	О	П	Е	Х	Н	А	М	О	Р	Р	З
Т	Р	А	Г	Р	Й	Ю	Г	А	У	Р	І	І	І
Ч	Ц	Ш	И	Р	И	Т	У	Н	В	І	Я	Н	Я
Р	И	Х	Р	Г	Н	С	Ь	А	І	Я	Ю	К	У
Г	Ь	Т	П	Щ	Ч	К	Т	С	Р	Н	Я	А	Ц
Ч	І	Х	А	М	И	Е	Л	И	Ш	Н	Щ	С	Б
Ц	Е	Ж	Ш	Ч	Р	Т	С	П	Ч	Р	Д	Т	Р
Я	Н	Ю	С	Ч	О	Н	М	А	Б	Н	Х	Х	М
Х	К	Ш	Є	Ф	Т	О	Ю	Н	О	Р	И	Є	І
Б	Е	Ю	Т	Ь	С	К	Щ	И	И	Р	Ц	Й	К
Г	Є	А	Я	Я	І	Ц	К	Е	Л	О	К	Ж	Ю

ПРИГОДА
АВТОР
ЕПОПЕЇ
ОПОВІДАЧ
ВІРШ
ІСТОРІЯ
НАПИСАНА
ІСТОРИЧНИЙ
ГУМОРИСТИЧНИЙ
КОЛЕКЦІЯ
КОНТЕКСТ
ЧИТАЧ
ПОЕЗІЯ
ВІДПОВІДНІ
РОМАН
СТОРІНКА
СЕРІЯ

36 - Menschlicher Körper

Ґ	Я	И	Ш	Е	Ґ	Є	В	П	М	Ґ	Д	У	О
Л	І	К	О	Т	Ь	Щ	С	Ґ	Т	О	Р	Я	Я
И	П	Т	Г	Е	Ґ	Щ	С	Ж	Л	Е	З	Н	І
Р	І	О	О	О	У	Ш	У	Щ	Щ	Ж	Ж	О	У
У	Д	Л	Ь	С	Л	Ш	П	Ґ	Е	Е	Е	Н	К
К	Б	О	Г	С	І	О	Р	К	Л	К	Ц	Х	Ж
А	О	К	Я	Ю	П	Ч	В	И	Е	К	Р	О	В
Р	Р	И	П	Л	Е	Ч	Е	А	П	А	Е	Н	Ж
І	І	Щ	Ґ	Ч	Ж	І	Ш	Е	А	К	С	Ю	Ю
К	Д	І	Ц	Ч	Х	В	У	Х	О	Г	П	Ь	Я
Ш	Д	М	О	Б	Л	И	Ч	Ч	Я	Ш	О	Ю	З
Ф	Я	В	І	Х	С	П	А	Л	Е	Ц	Ь	Н	И
Ж	Ф	К	О	Л	І	Н	А	Ю	Ч	О	Ґ	И	К
Я	Е	С	Щ	М	Н	У	Б	Л	Т	Ц	Я	Є	К

НОГА
КРОВ
ЛІКОТЬ
ПАЛЕЦЬ
МОЗОК
ОБЛИЧЧЯ
ШИЯ
РУКА
ШКІРА
СЕРЦЕ
ЩЕЛЕПА
ПІДБОРІДДЯ
КОЛІНА
ЩИКОЛОТКИ
ГОЛОВА
РОТ
НІС
ВУХО
ПЛЕЧЕ
ЯЗИК

37 - Landschaften

Б	Ч	А	Т	С	Б	Ь	Х	І	Ц	Б	Б	М	Ю
Р	О	Т	Е	К	И	В	О	Д	О	Ь	Л	Г	С
О	М	Л	Ц	Л	Н	І	О	В	Н	В	М	Р	Д
Г	Е	Р	О	М	Д	Р	Р	Д	Ж	В	Ж	Е	Ю
А	В	Е	Е	Т	И	Т	С	І	О	Д	Я	Б	М
П	Н	З	І	К	О	С	Ь	С	Ч	С	Л	С	І
Ґ	П	Й	Д	С	Г	О	Ц	Н	Д	К	П	Й	І
Т	Є	Е	Т	И	Б	Є	В	Р	О	Н	А	А	Х
У	О	Г	О	З	Е	Р	О	Х	Л	А	Р	Р	Д
Н	Ж	Н	З	А	Т	О	К	А	И	К	О	Е	И
Д	К	Н	Е	О	Х	К	Д	Л	Н	Л	Г	Ч	Ю
Р	П	У	С	Т	Е	Л	Я	Є	А	У	Ь	Е	Ь
А	Я	М	Ж	В	І	Р	Т	С	О	В	І	П	Ь
В	Ч	О	Щ	Ц	Х	Х	Ю	А	Я	П	Є	Ф	Ь

ГОРА
АЙСБЕРГ
РІЧКА
ГЕЙЗЕР
ЛЬОДОВИК
ЗАТОКА
ПІВОСТРІВ
ПЕЧЕРА
ПАГОРБ
ОСТРІВ

МОРЕ
ОАЗИС
ОЗЕРО
ПЛЯЖ
БОЛОТО
ДОЛИНА
ТУНДРА
ВУЛКАН
ВОДОСПАД
ПУСТЕЛЯ

38 - Abenteuer

Д	К	Т	В	Н	Е	З	В	И	Ч	А	Й	Н	І
Х	Р	Т	В	Е	Р	Т	А	К	Е	П	З	Е	Б
Х	Н	У	С	Ж	А	Б	Ґ	Ґ	К	С	Ч	Щ	Д
Є	П	Д	З	П	Д	Ц	П	Ь	С	Н	А	Ш	І
П	Ж	К	О	І	І	О	У	Т	К	У	Н	М	Я
П	Р	Ґ	Є	Й	С	О	Ю	С	У	Ш	А	О	Л
О	Е	И	А	И	Т	С	Т	І	Р	Е	В	Ж	Ь
Д	У	Ч	Р	В	Ь	Ь	Я	Н	С	Т	І	Л	Н
О	А	К	В	О	Т	О	Г	Д	І	П	Г	И	І
Р	Г	Ж	Ж	Н	Д	Ю	К	У	Я	П	А	В	С
О	Ь	Є	И	Е	Ь	А	Р	Р	Ж	У	Ц	І	Т
Ж	К	Ґ	Щ	Д	Ш	И	А	Т	Л	Н	І	С	Ь
І	К	Т	Х	К	В	У	С	Б	У	О	Я	Т	Ш
М	А	Р	Ш	Р	У	Т	А	Н	С	Г	Ь	Ь	А

ДІЯЛЬНІСТЬ
ЕКСКУРСІЯ
ШАНС
РАДІСТЬ
ДРУЗІ
МОЖЛИВІСТЬ
ПРИРОДА
НАВІГАЦІЯ
НОВИЙ
ПОДОРОЖІ
МАРШРУТ
КРАСА
ТРУДНІСТЬ
БЕЗПЕКА
НЕЗВИЧАЙНІ
ПІДГОТОВКА

39 - Flugzeuge

А	П	В	Н	Ю	В	Н	А	П	Р	Я	М	Ф	Я
Т	О	Ь	О	Е	О	И	Х	Х	Л	К	П	Ґ	Щ
М	С	І	Щ	Д	Б	С	С	Е	К	І	П	А	Ж
О	А	А	А	Х	Е	О	С	О	Ж	Ю	Б	Д	Н
С	Д	І	Щ	Щ	Т	Н	С	И	Т	Б	У	О	А
Ф	К	С	У	П	С	Щ	Ь	М	П	А	Д	Г	Д
Е	А	П	А	С	А	Ж	И	Р	І	Ь	І	И	У
Р	П	О	В	І	Т	Р	Я	Н	Л	Ж	В	Р	Т
А	І	С	Т	О	Р	І	Я	Л	О	Ґ	Н	П	И
П	А	Л	И	В	О	Щ	К	И	Т	Н	И	В	Г
П	О	Г	О	Д	А	Ю	Л	М	Б	Ж	Ц	К	Б
Д	В	И	Г	У	Н	Й	А	З	И	Д	Т	Е	К
Є	Ґ	К	Я	А	Ч	Ю	У	М	Ш	Ч	В	Л	Є
П	К	К	Ь	Є	Т	Ч	І	Є	Ґ	Т	О	С	У

ПРИГОДА
СПУСК
АТМОСФЕРА
НАДУТИ
ПАЛИВО
ЕКІПАЖ
ДИЗАЙН
ІСТОРІЯ
НЕБО
ВИСОТА
БУДІВНИЦТВО
ПОСАДКА
ПОВІТРЯ
ДВИГУН
ПАСАЖИР
ПІЛОТ
ГВИНТИ
НАПРЯМ
ВОДЕНЬ
ПОГОДА

40 - Haartypen

К	Т	Ь	Т	Б	Ґ	З	А	Ґ	Ю	Я	П	Ю	О
О	О	У	О	Ч	І	Я	Д	М	Г	Ц	Х	Ґ	Д
Р	Н	Ж	В	Ь	Ч	Л	Є	О	Л	Б	І	Р	С
И	К	Щ	С	Д	В	П	И	Р	Р	Е	Ч	У	К
Ч	И	Р	Т	К	О	С	И	Й	Н	О	Ф	Л	О
Н	Й	Й	И	Т	С	Я	Л	И	В	Х	В	Н	Ф
Е	И	И	Й	И	Ч	У	К	С	И	Л	Б	И	Я
В	Н	К	И	И	Д	О	В	Г	И	Й	Ю	Д	Й
И	Р	Т	Х	У	Р	О	К	Ч	Р	Н	К	Н	И
Й	О	О	У	Ю	Ю	І	Л	И	С	И	Й	О	К
Е	Ч	Р	С	В	И	Ц	С	Г	Х	П	Г	Л	Я
Е	Н	О	К	У	Ч	Е	Р	Я	В	И	Й	Б	М
Ш	С	К	П	Л	Е	Т	Е	Н	И	Й	Д	А	М
П	О	Щ	Б	Х	О	Н	Е	К	В	Ч	С	У	Н

БЛОНДИН
КОРИЧНЕВИЙ
ТОВСТИЙ
ТОНКИЙ
ПЛЕТЕНИЙ
ЗДОРОВИЙ
БЛИСКУЧИЙ
СІРИЙ
ЛИСИЙ
КОРОТКИЙ
ДОВГИЙ
КУЧЕР
КУЧЕРЯВИЙ
ЧОРНИЙ
СРІБЛО
СУХИЙ
М'ЯКИЙ
БІЛИЙ
ХВИЛЯСТИЙ
КОСИ

41 - Essen #1

Ч	В	А	Т	С	Ц	А	Л	Ш	А	В	А	К	Б
А	А	А	М	У	У	Л	С	Ґ	П	Ф	Н	И	Л
С	С	В	Я	Х	Н	Ь	Ь	Ш	І	И	Ж	У	Ь
Н	И	К	С	М	Ж	Е	Я	Ц	Р	М	Н	Х	Ю
И	Л	Р	О	К	У	Ц	Ц	К	У	О	Ф	А	Ь
К	Ь	О	Г	І	Е	С	И	Ь	Л	І	С	Ш	Т
Л	И	М	О	Н	Я	А	Н	Ц	Х	В	М	У	В
Ц	И	Б	У	Л	Я	Л	У	И	К	К	О	Р	А
Х	И	В	Д	О	С	А	Л	Ш	Ф	О	Л	Г	Г
Ц	У	П	С	Г	І	Т	О	Ь	М	Р	О	Д	Л
К	Х	Р	Г	У	К	О	П	С	В	И	К	Ф	Ц
Ч	Ю	В	Е	Д	П	С	Н	Х	Х	Ц	О	Д	Ґ
Ш	Х	Л	А	Р	А	Х	І	С	Б	Я	Щ	Н	К
Р	Д	В	Н	Ю	Ц	У	П	Ч	Л	Ж	Ж	В	Є

ВАСИЛЬ
ГРУША
ПОЛУНИЦЯ
АРАХІС
М'ЯСО
КАВА
МОРКВА
ЧАСНИК
МОЛОКО
РІПА
СІК
САЛАТ
СІЛЬ
ШПИНАТ
СУП
ТУНЕЦЬ
КОРИЦЯ
ЛИМОН
ЦУКОР
ЦИБУЛЯ

42 - Gebäude

Л	А	Б	О	Р	А	Т	О	Р	І	Я	Щ	Ч	Ф
С	У	П	Е	Р	М	А	Р	К	Е	Т	М	Р	А
С	Т	А	Д	І	О	Н	У	И	Є	Е	У	К	Б
У	Н	І	В	Е	Р	С	И	Т	Е	Т	З	І	Р
Г	И	Х	І	К	М	Т	Ж	Ь	В	Ч	Е	Н	И
М	У	О	Д	У	Х	І	А	Л	Х	Т	Й	О	К
Я	І	Р	О	Т	А	В	Р	Е	С	Б	О	Л	А
Я	К	Е	Т	Г	Ц	Б	А	Т	Т	І	О	Р	М
Ю	Є	А	Л	О	К	Ш	Г	О	С	И	І	Ґ	Р
Б	Ь	Ґ	Ь	Г	Ж	Ч	Л	Г	В	А	Ґ	І	Е
Т	В	Е	Ж	А	М	И	Ц	К	Н	А	Р	Ч	Ф
К	А	Б	І	Н	А	П	Т	Е	М	А	Н	А	Ш
У	П	О	В	Т	С	Ь	Л	О	С	О	П	Г	Й
Л	І	К	А	Р	Н	Я	Т	А	К	Ч	Ґ	Ф	Р

ФЕРМА
ПОСОЛЬСТВО
ФАБРИКА
ГАРАЖ
ГУРТОЖИТОК
ГОТЕЛЬ
КАБІНА
КІНО
ЛІКАРНЯ
ЛАБОРАТОРІЯ
МУЗЕЙ
ОБСЕРВАТОРІЯ
САРАЙ
ШКОЛА
СТАДІОН
СУПЕРМАРКЕТ
ТЕАТР
ВЕЖА
УНІВЕРСИТЕТ
НАМЕТ

43 - Mode

Б	Д	О	Р	О	Г	О	П	П	К	Ц	Т	Х	С
Р	С	Н	Ч	К	О	Н	У	Р	Е	З	І	В	Т
К	К	Т	Г	С	С	Г	Я	Д	О	И	Ґ	П	И
Д	Р	Р	Ю	К	И	У	У	Я	К	С	И	Щ	Л
Р	О	О	А	Й	И	Е	Ч	Ш	Ю	В	Т	Ґ	Ь
О	М	Ф	К	И	Т	У	Б	А	Ґ	У	Ж	И	Ь
В	Н	М	А	Н	О	П	Х	К	С	В	Я	Ь	Й
И	И	О	К	Ч	Т	О	К	П	Ґ	Н	М	К	С
Ж	Й	К	Ю	И	Ч	Ч	Б	Н	І	Р	И	Ч	І
Е	А	Р	У	Т	С	К	Е	Т	О	У	И	Й	Ю
Р	І	О	А	К	В	И	Ш	И	В	П	Г	Т	Ч
Е	Л	Е	Г	А	Н	Т	Н	И	Й	Л	К	С	И
М	Л	Ж	Ш	Р	Т	К	А	Н	И	Н	А	И	Г
Г	Н	П	В	П	О	Р	И	Г	І	Н	А	Л	С

СКРОМНИЙ
БУТИК
ПРОСТИЙ
ЕЛЕГАНТНИЙ
ОДЯГ
КОМФОРТНО
СУЧАСНИЙ
ВІЗЕРУНОК
ОРИГІНАЛ
ПРАКТИЧНИЙ
МЕРЕЖИВО
ВИШИВКА
СТИЛЬ
ТКАНИНА
КНОПКИ
ДОРОГО
ТЕКСТУРА

44 - Angeln

П	О	Н	К	А	Г	Т	Е	Р	П	І	Н	Н	Я
Е	З	А	О	Є	М	І	Ш	А	П	Е	Л	Е	Щ
Р	Е	Е	Ш	З	Я	Р	Б	Д	П	Ж	І	В	И
Е	Р	К	И	Д	Е	Д	В	О	Д	Л	Ь	О	Р
Б	О	О	К	М	М	С	А	В	Р	Ф	Я	Ч	Ч
І	Л	И	А	Є	Ч	Щ	Г	В	А	Г	И	Ж	Ж
Л	Е	П	Ф	Я	Н	Н	А	Н	Д	А	Л	Б	О
Ь	Т	Я	Б	Ґ	С	М	К	Д	Ю	Х	К	І	К
Ш	Г	Т	А	Р	Т	Х	Ч	Т	А	Е	С	Я	У
Е	Я	Д	О	Б	Ю	Ш	І	Ь	Р	Н	Я	Л	Х
Н	П	Ф	Ю	С	Я	Ч	Р	Р	Б	Р	И	Д	А
Н	Є	Л	О	А	Ь	У	П	Х	Я	Я	Д	Р	Р
Я	В	Щ	У	Б	Я	Е	Ш	С	З	А	Д	Т	П
И	Н	В	Ю	Є	Т	В	І	Г	В	Ч	Г	С	Г

ОБЛАДНАННЯ
ЧОВЕН
ДРІТ
РІЧКА
ТЕРПІННЯ
ВАГА
ГАК
СЕЗОН
ЩЕЛЕПА
ЗЯБРА
КУХАР
КОШИК
ПРИНАДА
ОКЕАН
ОЗЕРО
ПЛЯЖ
ПЕРЕБІЛЬШЕННЯ
ВАГИ
ВОДА

45 - Essen #2

Г	О	Б	Р	И	С	Е	О	Ю	Х	Б	Ю	М	Б
М	Н	Я	У	Ш	В	Е	К	О	Ш	И	Т	Р	А
Р	И	В	И	Ш	Н	Я	У	Г	Р	И	Б	Х	Е
Б	И	Г	Л	Щ	С	Е	Л	Е	Р	А	П	Л	Е
А	К	Б	Д	Н	А	Ц	Б	Ц	О	Ж	Я	І	Й
Н	И	Е	А	А	І	Й	Я	Ю	Д	Р	Ц	Б	О
А	А	Ф	Л	Ж	Л	Я	Ш	Л	І	А	И	Ю	Г
Н	Ч	Ч	О	А	О	Ь	Є	Г	М	П	Н	С	У
Л	Ґ	Д	К	Л	К	Х	С	К	О	С	Е	Ф	Р
М	Л	Ч	О	К	О	Т	Ч	Г	П	Щ	Ш	Е	Т
С	В	И	Ш	А	Р	Ш	И	Н	К	А	П	Ц	Л
Ь	Я	Ю	Г	Б	Б	Я	Л	Ґ	Ш	А	Р	Т	Є
Ю	С	С	Е	Я	Л	Ь	Д	Ц	Ь	П	Ю	Я	Є
Я	Х	М	Ж	Я	К	К	Ф	Т	Д	С	О	Ю	Л

ЯБЛУКО
АРТИШОК
БАКЛАЖАН
БАНАН
БРОКОЛІ
ХЛІБ
ЙЙЦЕ
РИБА
ЙОГУРТ
СИР

ВИШНЯ
МИГДАЛЬ
ГРИБ
РИС
ШИНКА
ШОКОЛАД
СЕЛЕРА
СПАРЖА
ПОМІДОР
ПШЕНИЦЯ

46 - Energie

З	П	Б	Е	Н	З	И	Н	Х	Ц	Т	Ь	Т	Ш
А	О	Е	Ґ	С	В	Ґ	Ф	Р	Л	У	Л	У	Т
Б	Н	Ь	Р	О	Ф	І	Й	И	Н	Р	Е	Д	Я
Р	О	Ц	И	Н	І	О	Т	П	О	Б	З	Я	И
У	В	Е	Е	Ц	Ф	А	Т	Е	О	І	И	І	У
Д	Л	Л	Н	Е	Я	Ж	Д	О	Р	Н	Д	Е	Н
Н	Ю	Г	В	Т	Е	Ь	Ш	Є	Н	А	Ф	Є	М
Е	В	У	О	М	Р	Е	Л	Е	К	Т	Р	О	Н
Н	А	В	Д	О	А	О	Т	Е	П	Л	О	М	П
Н	Н	Б	Е	Т	Т	Д	П	І	Ч	Ь	Я	Ж	А
Я	И	Ч	Н	О	А	Л	Н	І	Ю	Н	С	В	Л
Є	Х	О	Ь	Р	Б	И	С	І	Я	П	Є	Н	И
П	Р	О	М	И	С	Л	О	В	О	С	Т	І	В
С	Е	Р	Е	Д	О	В	И	Щ	Е	Ґ	Г	Ґ	О

БАТАРЕЯ
БЕНЗИН
ПАЛИВО
ДИЗЕЛЬ
ЕЛЕКТРОН
ЕНТРОПІЯ
ПОНОВЛЮВАНИХ
ТЕПЛО
ПРОМИСЛОВОСТІ
ВУГЛЕЦЬ
МОТОР
ЯДЕРНИЙ
ФОТОН
СОНЦЕ
ТУРБІНА
СЕРЕДОВИЩЕ
ЗАБРУДНЕННЯ
ВОДЕНЬ
ВІТЕР

47 - Familie

Ґ	Т	Я	У	О	О	К	Ь	Д	Я	Д	С	С	М
Х	Ь	Ц	К	И	Н	Н	І	М	Е	Л	П	Ю	А
М	Р	А	Х	Ф	У	Т	А	К	Т	І	Т	Є	Т
А	Х	Р	Ь	П	К	Ю	Н	О	Х	У	Ж	И	Е
Т	Р	Т	Г	Д	И	Т	И	Н	С	Т	В	О	Р
И	Щ	С	Є	Б	Ь	Р	Т	П	Ч	А	Б	Б	И
П	Л	Е	М	І	Н	Н	И	Ц	Я	Р	А	А	Н
Д	Д	С	Щ	С	В	А	Д	Д	Т	Б	Б	Т	С
О	Ж	Р	П	Р	Е	Д	О	К	І	С	У	Ь	Ь
Ч	Х	У	У	К	Я	В	Д	Ь	Ф	Д	С	К	К
К	О	Е	Х	Ж	У	Ц	Щ	Х	Ч	Ь	Я	О	И
А	Ц	С	Н	Ь	И	З	Ф	Т	Є	И	П	К	Й
І	Д	Ч	Д	К	М	Н	Е	Ж	Ц	Ц	Ф	Ь	В
Ч	О	Л	О	В	І	К	А	Н	Т	Ц	Е	В	М

БРАТ
ДРУЖИНА
ЧОЛОВІК
ОНУК
БАБУСЯ
ДІД
ДИТИНА
ДИТИНСТВО
МАТИ
МАТЕРИНСЬКИЙ
ПЛЕМІННИК
ПЛЕМІННИЦЯ
ДЯДЬКО
СЕСТРА
ТІТКА
ДОЧКА
БАТЬКО
КУЗЕН
ПРЕДОК

48 - Pflanzen

Л	К	У	Щ	В	П	Я	И	О	Ш	Г	І	Д	П
Д	И	І	А	І	Д	Г	Т	Н	У	А	Ц	О	Е
Е	Є	С	Р	Я	Ґ	О	К	Ф	П	Є	П	Б	Л
Р	О	І	Т	О	Ю	Д	Ф	Х	Е	Ш	Ю	Р	Ю
Е	Ґ	Л	П	Я	С	А	В	А	Р	Т	И	И	С
В	И	І	Г	Щ	Ю	Л	П	В	Ж	Х	А	В	Т
О	Ш	О	А	Ш	Р	Х	И	Ь	Н	І	Р	О	К
Д	И	П	Р	Ю	А	К	І	Н	А	Т	О	Б	А
Т	М	Ц	П	К	К	Р	Н	Ґ	Н	Щ	Л	В	С
Ю	Ч	С	А	Д	К	А	Д	Ж	В	І	Ф	Ь	Г
К	В	А	С	О	Л	Я	К	Я	К	С	С	Ь	О
Н	А	К	Т	І	В	К	Є	Т	Т	Є	М	Т	Ф
Ю	Р	Т	А	Ж	Є	А	В	Х	У	Ь	О	К	Ь
О	Т	Т	В	Б	А	М	Б	У	К	С	Х	Щ	С

БАМБУК
ДЕРЕВО
ЯГОДА
КВІТКА
ПЕЛЮСТКА
КВАСОЛЯ
БОТАНІКА
КУЩ
ДОБРИВО
ПЛЮЩ
ФЛОРА
САД
ТРАВА
КАКТУС
ТРАВ
ЛИСТЯ
МОХ
РОСЛИННІСТЬ
ЛІС
КОРІНЬ

49 - Kunst

О	Ю	Б	Ь	Н	Г	Х	Г	И	К	В	Ь	С	Ц
Р	Ж	С	О	А	К	А	Р	Т	И	Н	И	К	Х
И	М	К	Ж	С	Ч	П	Д	Ш	Ґ	Г	Н	Л	Ґ
Г	З	Л	Б	Т	К	Е	О	П	Т	М	Б	А	Л
І	І	А	Ь	Р	Ю	Е	С	Е	Ш	Ш	У	Д	О
Н	Л	Д	І	І	В	І	Р	Н	З	А	Р	И	В
А	А	Н	Б	Й	Ь	А	Л	А	И	І	Є	Х	М
Л	Е	И	Т	И	Р	О	В	Т	М	Й	Я	Ґ	И
О	Р	Й	И	Т	С	О	Р	П	Щ	І	І	Х	С
Ю	Р	З	А	П	А	Л	Е	Н	И	Й	Ч	Н	М
Е	Ю	С	К	У	Л	Ь	П	Т	У	Р	А	Н	М
О	С	О	Б	И	С	Т	И	Й	Д	У	Г	Е	І
Щ	Н	С	Ж	Я	Т	К	П	Р	Е	Д	М	Е	Т
Ф	В	І	З	У	А	Л	Ь	Н	И	Й	О	Щ	Г

ВИРАЗ
ЧЕСНИЙ
ПРОСТИЙ
ПРЕДМЕТ
КАРТИНИ
ЗАПАЛЕНИЙ
КЕРАМІЧНІ
СКЛАДНИЙ
ОРИГІНАЛ
ОСОБИСТИЙ
ПОЕЗІЯ
ТВОРИТИ
СКУЛЬПТУРА
НАСТРІЙ
СЮРРЕАЛІЗМ
СИМВОЛ
ВІЗУАЛЬНИЙ
СКЛАД

50 - Gewürze

В	А	Н	І	Л	І	С	Ч	Г	А	Ж	Є	Б	Ч
С	К	А	Р	Л	Е	Н	О	А	І	А	Л	Ф	Щ
О	В	Р	Р	У	В	Я	Ж	Л	С	Р	Ж	Р	Т
Л	Ч	Ф	А	М	І	Л	Ж	Е	О	Н	К	Є	Х
О	В	А	К	И	Д	З	О	В	Г	Д	И	И	Т
Д	А	Ш	М	Ь	П	І	М	Б	И	Р	К	К	Й
К	Н	К	И	Ь	Е	К	И	С	Л	И	Й	А	К
И	І	Ч	Н	У	Р	Щ	Т	Г	Л	А	Ц	К	А
Й	С	Ю	В	І	Е	Н	Ю	П	Ш	Р	Ц	И	Р
Б	В	Ш	Т	Я	Ц	И	Р	О	К	О	У	Р	Д
П	В	Ц	Х	Р	Ь	Л	І	С	Є	М	Ґ	П	А
Ф	Е	Н	Х	Е	Л	Ь	Н	А	И	А	С	А	М
Щ	Ц	И	Б	У	Л	Я	А	Ф	Х	Т	Д	П	О
У	Х	А	Ю	Щ	Ц	Ь	К	Ж	П	Ц	В	Г	Н

АНІС
ГІРКИЙ
КАРРІ
ФЕНХЕЛЬ
АРОМАТ
ІМБИР
КАРДАМОН
ЧАСНИК
КМИН
СОЛОДКА
ГВОЗДИКА
ПАПРИКА
ПЕРЕЦЬ
ШАФРАН
СІЛЬ
КИСЛИЙ
СОЛОДКИЙ
ВАНІЛІ
КОРИЦЯ
ЦИБУЛЯ

51 - Kreativität

В	Б	Х	Й	І	Н	Ж	О	Д	У	Х	П	П	Б
Р	И	Е	Ч	П	А	Б	О	Р	Є	А	Л	О	А
А	Б	Ц	А	Ь	Т	С	І	Н	С	Я	И	Ч	Ч
Ж	Д	Ц	Д	І	Х	М	В	Н	Я	Ч	Н	У	Е
Е	Я	Т	А	П	Н	Ю	Р	С	Я	Д	Н	Т	Н
Н	Г	О	П	Р	Е	Ж	Ч	Щ	П	Р	І	Т	Н
Н	Ю	Ф	Ґ	О	Н	М	Ц	Н	І	Б	С	Я	Я
Я	Ь	Т	С	І	Н	Ч	И	Т	Н	Е	Т	В	А
Е	М	В	Х	Н	Я	А	Д	А	Я	Е	Ь	Ґ	В
І	Д	Е	Ї	З	О	Б	Р	А	Ж	Е	Н	Н	Я
Д	Р	А	М	А	Т	И	Ч	Н	І	Х	Ь	С	У
В	И	Р	А	З	І	Н	Т	У	Ї	Ц	І	Я	Ч
Н	А	В	И	Ч	К	А	А	Н	Є	Л	Б	В	С
С	П	О	Н	Т	А	Н	Н	И	Й	Л	Ґ	Н	Р

ВИРАЗ
АВТЕНТИЧНІСТЬ
ЗОБРАЖЕННЯ
ДРАМАТИЧНІ
ВРАЖЕННЯ
НАВИЧКА
ПЛИННІСТЬ
ПОЧУТТЯ
ІДЕЇ
НАТХНЕННЯ
ІНТУЇЦІЯ
ЯСНІСТЬ
ХУДОЖНІЙ
УЯВА
СПОНТАННИЙ
БАЧЕННЯ

52 - Geschäft

Ц	О	Д	П	Ґ	Д	У	Я	Е	Щ	І	Я	Ю	І
В	А	Л	Ю	Т	А	Щ	П	Р	О	Д	А	Ж	Н
Ш	Щ	Ч	О	І	М	Ь	Т	С	І	Т	Р	А	В
П	Р	А	Ц	І	В	Н	И	К	Ш	М	О	О	Е
К	К	О	Т	У	Б	И	Р	П	О	Ь	Б	Ф	С
Я	А	К	Ж	И	Н	З	А	О	Р	Н	О	І	Т
Т	Ь	Р	Ж	Ь	Г	А	В	Д	Г	Ф	Т	С	И
Е	С	Ж	Є	Я	Т	Г	О	А	А	А	О	Ю	Ц
Ж	Ю	И	О	Р	Х	А	Т	Т	В	Б	Д	Ч	І
Д	О	Х	І	Д	Х	М	И	К	Ч	Р	А	Є	Ї
Ю	С	Г	В	Х	Ц	К	У	И	Д	И	В	Х	М
Б	М	Е	Н	Е	Д	Ж	Е	Р	С	К	Е	П	Ц
Т	Р	А	Н	З	А	К	Ц	І	Я	А	Ц	Х	Т
Е	К	О	Н	О	М	І	К	А	Л	Ж	Ь	К	Х

РОБОТОДАВЕЦЬ
БЮДЖЕТ
ОФІС
ДОХІД
ФАБРИКА
ГРОШІ
МАГАЗИН
ПРИБУТОК
ІНВЕСТИЦІЇ
КАР'ЄР
ВАРТІСТЬ
МЕНЕДЖЕР
ПРАЦІВНИК
ЗНИЖКА
ПОДАТКИ
ТРАНЗАКЦІЯ
ПРОДАЖ
ТОВАР
ВАЛЮТА
ЕКОНОМІКА

53 - Ingenieurwesen

Н	В	І	С	Ь	Л	Е	З	И	Д	Ц	В	О	П
Ж	Ж	М	Є	Ц	А	Л	И	С	В	С	И	С	Є
Ь	Ф	Я	У	А	Н	И	Ш	А	М	Ц	М	Ю	Ь
Н	Ґ	Н	Ф	С	И	Ж	Щ	Ю	Ш	Ґ	І	Е	Ш
Е	Г	Р	У	Щ	Д	П	Й	І	Ш	У	Р	Н	Д
Щ	Б	Е	Є	Д	І	А	М	Е	Т	Р	Ю	Е	І
М	О	Т	О	Р	Р	Л	В	Ф	Я	А	В	Р	А
Л	Б	С	Я	Л	Я	І	Е	Л	П	Р	А	Г	Г
Г	Г	Е	Г	Ж	Л	Д	Д	Ж	П	Е	Н	І	Р
Ю	Г	Ш	Ь	Н	М	О	С	Н	А	Т	Н	Я	А
Ц	К	Ц	Н	С	Ф	П	Х	Ґ	Я	В	Я	Ш	М
К	Х	С	Л	Ю	Ж	З	О	Е	И	К	Є	Д	А
Ч	У	Ч	П	И	К	О	Г	Л	И	Б	И	Н	А
Ь	Т	Т	О	Ж	А	Р	У	Т	К	У	Р	Т	С

ВІСЬ
РУШІЙ
ДІАГРАМА
ДИЗЕЛЬ
ДІАМЕТР
ЕНЕРГІЯ
РІДИНА
ШЕСТЕРНЯ
ВАЖЕЛІ
МАШИНА
ВИМІРЮВАННЯ
МОТОР
СИЛА
СТРУКТУРА
ГЛИБИНА
РОЗПОДІЛ
КУТ

54 - Gemüse

Ч	М	Т	Х	Ґ	Г	А	Р	Б	У	З	В	Ш	О
А	Б	А	К	Л	А	Ж	А	Н	Р	І	П	А	Б
С	Ц	И	Б	У	Л	Я	К	Ґ	И	Р	Ч	В	Б
Н	И	Д	Ц	А	А	П	Щ	А	Л	О	Г	К	Р
И	П	Е	Т	Р	У	Ш	К	А	П	Ж	Р	Р	О
К	Ь	М	Т	Ь	С	А	Є	Є	Х	В	И	О	К
К	Р	Є	У	Ц	Ж	Х	Я	А	О	О	Б	М	О
А	О	Ю	Ґ	М	С	Е	Л	Е	Р	А	Ч	І	Л
Р	Д	П	Ю	А	Р	Т	И	Ш	О	К	О	М	І
Т	І	Н	І	К	У	Ц	А	П	Г	Ґ	Г	Б	І
О	М	Т	Ш	В	Ґ	Л	Т	Л	О	А	І	И	Я
П	О	Ц	М	И	П	Г	Я	А	А	О	Р	Р	Ц
Л	П	Ь	В	Л	К	Ґ	О	О	Е	С	О	Р	Ж
Я	М	В	Д	О	Ш	П	И	Н	А	Т	К	Я	Ф

АРТИШОК
БАКЛАЖАН
БРОКОЛІ
ГОРОХ
ОГІРОК
ІМБИР
МОРКВА
КАРТОПЛЯ
ЧАСНИК
ГАРБУЗ
ОЛИВКА
ПЕТРУШКА
ГРИБ
РІПА
САЛАТ
СЕЛЕРА
ШПИНАТ
ПОМІДОР
ЦУКІНІ
ЦИБУЛЯ

55 - Schönheit

Ш	Е	Г	Ю	П	Ґ	В	Н	Л	Ь	Т	С	К	К
К	О	Л	А	К	Р	Е	З	Д	Я	О	Т	О	О
І	Ф	Ь	Е	І	Д	О	Ш	Ц	О	Ж	И	Л	С
Р	Я	О	И	Г	Ю	С	Д	Ш	В	Е	Л	І	М
А	Ш	Ь	Т	І	А	Ж	Ґ	У	І	Ш	І	Р	Е
Д	Ц	Т	Я	О	И	Н	І	Т	К	Ю	С	А	Т
А	Ш	А	Р	М	Г	Г	Т	Я	Ц	Т	Т	Р	И
М	Р	Д	Е	К	У	Е	Ґ	Н	Є	Х	И	О	К
О	Р	О	Ч	Щ	Л	Б	Н	Щ	І	Л	Ж	М	А
П	Ф	Г	У	Т	С	П	Ф	І	Т	С	О	А	Л
Д	О	А	К	Ю	О	Г	К	Б	Ч	К	Т	Т	С
Ь	Л	Л	И	И	П	Ц	Л	К	О	Н	Б	Ь	А
Д	Ь	Б	Ш	А	М	П	У	Н	Ь	О	И	Я	М
Н	О	Ж	И	Ц	І	В	Ж	Ф	Ш	У	Ю	Й	Щ

БЛАГОДАТЬ
ШАРМ
ПОСЛУГИ
АРОМАТ
ЕЛЕГАНТНІСТЬ
КОЛІР
ФОТОГЕНІЧНИЙ
ШКІРА
КОСМЕТИКА

ПОМАДА
КУЧЕР
МАСЛА
ПРОДУКТИ
НОЖИЦІ
ШАМПУНЬ
ДЗЕРКАЛО
СТИЛІСТ
ТУШ

56 - Tanzen

Ч	И	Р	Ґ	Р	М	О	П	Ь	Х	Ш	О	Я	Г
Е	М	О	Ц	І	Я	У	И	А	У	Ч	Щ	Я	Ґ
Т	П	В	Н	Г	Ж	К	З	Я	Р	П	Й	Ч	С
Р	О	Т	У	С	Ш	Т	П	И	Я	Т	И	Ф	Я
А	С	Ц	Т	І	Л	О	Л	Г	К	Ж	Н	Я	Д
Д	Т	Е	Л	И	І	Г	Ц	Е	Т	А	С	Е	Х
И	А	Т	М	Х	Ч	П	У	Р	Я	Я	І	Я	Р
Ц	В	С	М	Г	Ю	С	К	Т	Є	Є	Д	Е	Ц
І	А	И	Е	М	Б	Л	А	Г	О	Д	А	Т	Ь
Й	Г	М	К	У	Л	Ь	Т	У	Р	А	Р	Г	І
Н	В	И	Р	А	З	Н	И	Й	Р	Ґ	Щ	Я	Ж
И	Р	Е	П	Е	Т	И	Ц	І	Я	И	Ч	Х	Б
Й	А	К	А	Д	Е	М	І	Я	Я	И	Т	М	М
Х	О	Р	Е	О	Г	Р	А	Ф	І	Я	П	М	Ж

АКАДЕМІЯ
БЛАГОДАТЬ
ВИРАЗНИЙ
РУХ
ХОРЕОГРАФІЯ
ЕМОЦІЯ
РАДІСНИЙ
ПОСТАВА
ТІЛО
КУЛЬТУРА
МИСТЕЦТВО
МУЗИКА
ПАРТНЕР
РЕПЕТИЦІЯ
РИТМ
ТРАДИЦІЙНИЙ

57 - Ernährung

И	Ш	А	К	Н	Р	З	П	Р	Я	М	Ю	М	З
Д	Г	П	М	А	Є	Щ	Д	П	І	С	Ь	Б	Д
І	А	Е	С	У	Л	Ч	Г	О	Ц	Щ	А	А	О
Є	І	Т	Я	С	Е	О	Ф	Д	Р	Ґ	С	К	Р
Т	Ш	И	К	Л	І	Б	Р	Я	О	О	Ь	Х	О
А	И	Т	П	Р	І	Я	Ь	І	П	Т	В	Я	В
Т	Р	А	В	Л	Е	Н	Н	Я	Й	Т	Й	И	Я
З	Б	А	Л	А	Н	С	О	В	А	Н	И	Й	Й
Я	К	М	А	І	В	У	Б	Г	А	Я	Н	В	Т
Е	Л	Ю	У	Щ	М	О	М	І	Р	К	В	А	О
Л	Г	Б	Г	М	У	С	В	Р	О	І	І	Г	К
Б	Р	О	Д	І	Н	Н	Я	К	М	С	Т	А	С
П	О	Ж	И	В	Н	И	Й	И	А	Т	С	Ш	И
В	І	Т	А	М	І	Н	Л	Й	Т	Ь	Ї	Ґ	Н

АПЕТИТ
ЗБАЛАНСОВАНИЙ
ГІРКИЙ
ДІЄТА
ЇСТІВНИЙ
БРОДІННЯ
АРОМАТ
ЗДОРОВИЙ
ЗДОРОВ'Я
ВАГА
КАЛОРІЙ
ПОЖИВНИЙ
ПОРЦІЯ
БІЛКИ
ЯКІСТЬ
СОУС
ТОКСИН
ТРАВЛЕННЯ
ВІТАМІН

58 - Länder #1

М	Ф	І	Н	Л	Я	Н	Д	І	Я	Г	Ц	Щ	Р
Ш	А	Ж	Д	О	Б	М	А	К	П	Ю	Ц	Ч	У
Ц	Ж	Л	А	Г	Е	Н	Е	С	С	Н	Ж	О	М
Н	Я	Т	І	В	Е	Н	Е	С	У	Е	Л	А	У
Н	І	Ж	Ч	Ж	Я	Е	В	Б	М	Ь	Ш	Р	Н
О	Д	К	А	Р	І	В	Є	У	Є	Л	Е	В	І
Р	Н	Х	А	П	В	Ґ	Т	Я	У	Ї	Е	Є	Я
В	І	Є	Д	Р	Т	Б	Н	І	Т	А	Л	І	Я
Е	Ш	Г	А	В	А	Ш	А	Л	Ґ	Р	М	Ф	І
Г	Т	И	Н	С	Л	Г	М	И	Д	З	Ц	К	Н
І	Е	П	А	Є	Щ	Л	У	З	Є	І	Я	Щ	А
Я	І	Е	К	Є	Ю	І	Е	А	Щ	Ь	Л	О	П
Щ	Р	Т	Р	Х	Ґ	Ь	Є	Р	Ц	Ж	Ґ	Д	С
Б	С	Ь	Є	Ґ	Ч	Я	Р	Б	Р	Ь	Г	О	І

ЄГИПЕТ
БРАЗИЛІЯ
ФІНЛЯНДІЯ
ІНДІЯ
ІРАК
ІЗРАЇЛЬ
ІТАЛІЯ
КАМБОДЖА
КАНАДА
ЛАТВІЯ
МАЛІ
НІКАРАГУА
НОРВЕГІЯ
ПОЛЬЩА
РУМУНІЯ
СЕНЕГАЛ
ІСПАНІЯ
ВЕНЕСУЕЛА
В'ЄТНАМ

59 - Technologie

К	О	М	П	Ю	Т	Е	Р	Б	Е	Д	Д	Ф	Д
Б	К	Ь	К	У	П	Є	О	Е	Ч	Ґ	О	С	И
І	А	А	Б	Ь	Ю	І	С	З	Є	К	С	И	С
Ч	О	Й	М	Є	В	Ф	Р	П	І	Ґ	Л	Б	П
У	Ф	Л	Т	Е	Ч	Т	У	Е	Я	Н	І	Р	Л
Я	Ґ	Ж	М	Ф	Р	О	К	К	У	Г	Д	А	Е
О	Б	Е	Р	Л	Й	А	Ф	А	Ґ	П	Ж	У	Й
В	І	Р	Т	У	А	Л	Ь	Н	И	Й	Е	З	В
І	Н	Т	Е	Р	Н	Е	Т	А	Я	Є	Н	Е	Т
І	І	Т	І	Г	П	Д	Я	К	Д	Е	Н	Р	Д
Б	Ф	Д	Ф	В	І	Р	У	С	У	К	Я	Л	А
С	Т	А	Т	И	С	Т	И	К	А	Р	Ж	А	Н
Ь	Й	И	В	О	Р	Ф	И	Ц	Х	А	У	Л	І
Б	Л	О	Г	Ш	Ч	Ш	Г	Д	М	Н	Е	М	Я

ДИСПЛЕЙ
ЕКРАН
БЛОГ
БРАУЗЕР
БАЙТ
КОМП'ЮТЕР
КУРСОР
ФАЙЛ
ДАНІ
ЦИФРОВИЙ
ДОСЛІДЖЕННЯ
ІНТЕРНЕТ
КАМЕРА
ШРИФТ
БЕЗПЕКА
СТАТИСТИКА
ВІРТУАЛЬНИЙ
ВІРУС

60 - Wasser

В	Р	Е	З	Й	Е	Г	В	Ь	Ф	І	Л	І	М
Р	И	І	Д	Ч	О	В	П	О	В	І	Н	Ь	Е
Ж	И	П	Ч	А	Л	К	Е	О	Ч	К	Ґ	Є	І
Є	Ц	Ґ	А	К	Ь	Є	Е	Д	О	Щ	Ч	У	У
Д	Л	Г	О	Р	А	П	Н	А	Г	А	Р	У	З
У	Ю	П	З	Р	О	Р	Г	І	Н	С	Р	Ґ	Р
Ш	Л	П	Е	Ґ	Ь	В	П	И	Т	Н	И	Й	О
Є	І	И	Р	Є	П	М	У	Х	Г	Є	Е	О	Ш
С	Д	З	О	Р	О	М	Т	В	І	У	Л	Ж	Е
Ц	Н	І	К	А	Н	А	Л	Л	А	Є	Г	О	Н
В	О	Л	О	Г	І	С	Т	Ь	Е	Н	Я	И	Н
Є	С	И	Ь	Н	І	В	Х	В	Р	Е	Н	Ч	Я
Д	У	В	А	Д	Ь	В	К	Ц	Є	П	Я	Я	Ж
Ь	М	Х	Ш	В	Е	Б	Щ	Х	А	Б	И	Б	Р

ЗРОШЕННЯ
ПАР
ДУШ
ЛІД
ВОЛОГІСТЬ
РІЧКА
ПОВІНЬ
МОРОЗ
ГЕЙЗЕР
УРАГАН
КАНАЛ
МУСОН
ОКЕАН
ДОЩ
СНІГ
ОЗЕРО
ПИТНИЙ
ВИПАРОВУВАННЯ
ХВИЛІ

61 - Science Fiction

К	Т	Е	Х	Н	О	Л	О	Г	І	Я	Ж	Т	П
Н	Н	Ц	Т	О	В	М	К	Х	У	Б	И	В	Л
У	Б	И	Ж	Щ	Л	Л	І	А	Я	Ґ	У	Х	А
Щ	П	М	Г	Г	И	І	Н	К	В	Я	У	І	Н
Р	К	Є	Ґ	И	Х	Х	О	И	Н	І	І	М	Е
Й	И	Ч	И	Н	М	Є	А	Т	И	П	Л	І	Т
С	У	Т	О	П	І	Я	И	К	Й	О	Ю	К	А
В	В	М	О	О	Ю	А	Р	А	Ґ	Т	З	А	О
Т	П	І	Г	Б	Г	Щ	Щ	Л	О	У	І	Л	Р
Б	Т	С	Т	Х	О	Ю	С	А	Т	И	Я	І	А
В	О	Г	О	Н	Ь	Р	Я	Г	Ш	Т	А	Ї	К
Ю	Р	Е	А	Л	І	С	Т	И	Ч	Н	И	Й	У
С	Ц	Е	Н	А	Р	І	Й	Х	И	А	Ю	С	Л
Ф	У	Т	У	Р	И	С	Т	И	Ч	Н	И	Й	Е

КНИГИ
ХІМІКАЛІЇ
АНТИУТОПІЯ
ВИБУХ
ВОГОНЬ
ФУТУРИСТИЧНИЙ
ГАЛАКТИКА
ТАЄМНИЧИЙ
ІЛЮЗІЯ
УЯВНИЙ
КІНО
ОРАКУЛ
ПЛАНЕТА
РЕАЛІСТИЧНИЙ
РОБОТИ
СЦЕНАРІЙ
ТЕХНОЛОГІЯ
УТОПІЯ
СВІТ

62 - Haustiere

К	Р	О	Л	И	К	Х	В	І	С	Т	Р	Ч	Е
Ю	І	Б	С	Є	Л	Я	Ж	У	Ю	Е	И	Е	Х
М	М	Ь	Ж	Д	Щ	Щ	П	К	Д	П	Б	Р	Ц
Р	О	О	И	И	Ї	О	У	А	Д	Х	А	Е	Л
Г	К	Ц	С	С	Є	Ж	І	К	Е	Щ	В	П	А
Ф	Ж	Т	У	В	В	Ш	А	Ш	И	М	О	А	П
Б	І	А	П	Ц	Ж	Т	Д	І	Ц	Х	Р	Х	И
Ч	Л	Х	Я	Н	Е	Ш	О	К	Щ	Т	О	А	Л
Б	Х	О	М	Я	К	Н	В	П	Б	А	К	Н	Ш
Є	Ж	А	К	Р	І	Щ	Я	П	А	П	У	Г	А
В	Е	Т	Е	Р	И	Н	А	Р	З	О	Л	С	Х
П	У	Д	Н	А	Д	М	У	Ч	О	Ж	Б	І	Ь
Ю	Е	Р	Ц	Д	О	Л	М	Ґ	К	Ф	Н	П	П
Е	Ф	С	А	Щ	Ф	Ш	Г	М	Н	Д	И	Ц	Ш

ЯЩІРКА
ЇЖА
РИБА
ХОМ'ЯК
КРОЛИК
ПЕС
КІШКА
КОШЕНЯ
КОМІР
КОРОВА
МИША
ПАПУГА
ЛАПИ
ЧЕРЕПАХА
ХВІСТ
ВЕТЕРИНАР
ВОДА
ЦУЦЕНЯ
КОЗА

63 - Literatur

І	В	Я	Н	Н	Я	Н	В	І	Р	О	П	Ш	Б
А	И	С	Є	Ч	А	Д	І	В	О	П	О	Т	І
Я	С	Я	У	Ф	Д	Ґ	Я	І	М	Ш	Ф	Б	О
В	Н	Р	А	М	И	Р	І	Ж	А	М	О	В	Г
И	О	Г	Н	М	Ж	Ч	Д	И	Н	Р	В	Д	Р
Г	В	Ш	А	Т	Е	У	Е	Ь	С	И	П	О	А
А	О	Е	Л	А	М	Т	Г	Ц	І	Т	Ш	И	Ф
Д	К	Я	І	Г	О	Л	А	Н	А	М	Є	О	І
К	Є	Ь	З	Д	Д	И	Р	О	Т	В	А	Н	Я
А	П	Л	Ф	Ю	Б	І	Т	О	Д	К	Е	Н	А
Ч	М	И	В	І	Р	Ш	А	Ф	Т	Б	С	Ж	В
М	Е	Т	А	Ф	О	Р	А	Л	Ф	В	Ш	Т	С
Г	Х	С	Ґ	В	У	А	У	Н	О	Ю	Є	Ж	Ґ
П	О	Е	Т	И	Ч	Н	И	Й	У	Г	У	В	Х

АНАЛОГІЯ
АНАЛІЗ
АНЕКДОТ
АВТОР
ОПИС
БІОГРАФІЯ
ДІАЛОГ
ОПОВІДАЧ
ВИГАДКА
ВІРШ
МЕТАФОРА
ПОЕТИЧНИЙ
РИМА
РИТМ
РОМАН
ВИСНОВОК
СТИЛЬ
ТЕМА
ТРАГЕДІЯ
ПОРІВНЯННЯ

64 - Wandern

Ц	У	П	Е	П	Й	И	К	И	Д	Г	Щ	Н	Д
У	Е	Я	І	Н	Е	М	А	К	Р	О	М	Е	Ґ
В	Я	Ж	Д	Д	Є	Я	С	Р	М	Р	Ь	Б	П
В	С	Ц	Б	И	Г	Ц	Ф	А	Д	А	Л	Е	Щ
Н	В	Щ	Г	І	Я	О	Х	П	Ч	Д	Ц	З	М
Й	И	К	Ж	А	В	И	Т	О	Б	О	Ч	П	О
П	М	К	Є	Г	І	А	П	О	В	В	І	Е	С
Ґ	О	С	О	Н	Ц	Е	Б	Р	В	Д	Ь	К	Ж
Ж	Т	Г	Н	І	П	М	Е	К	И	К	Ф	И	Ж
С	В	Ю	О	Ч	Г	С	У	Н	И	Р	А	В	Т
Н	Л	Т	Г	Д	К	А	Р	Т	А	Б	О	О	І
Ч	Ь	Я	І	Ц	А	Т	Н	Є	І	Р	О	Д	М
К	Л	І	М	А	Т	Л	Б	Х	У	Ж	А	С	А
Р	Л	Ж	А	И	Д	И	Щ	І	Я	Ц	Т	Н	С

ГОРА
КЕМПІНГ
НЕБЕЗПЕКИ
САМІТ
КАРТА
КЛІМАТ
ВТОМИВСЯ
ПРИРОДА
ОРІЄНТАЦІЯ
ПАРКИ
ВАЖКИЙ
СОНЦЕ
КАМЕНІ
ЧОБОТИ
ТВАРИН
ПІДГОТОВКА
ВОДА
ПОГОДА
ДИКИЙ

65 - Länder #2

У	Щ	Я	І	П	О	І	Ф	Е	Ш	У	Ф	М	И
Р	Ш	П	Щ	Ф	Ю	Т	Н	Ь	Н	Г	Х	В	А
Я	С	О	Щ	Р	Ґ	Ю	А	Ц	Л	А	П	Е	Н
Г	У	Н	Є	А	У	О	Т	Щ	Х	Н	Г	Г	Н
С	Д	І	Х	Н	Р	О	С	І	Я	Д	Ч	Н	І
И	А	Я	Я	Ц	І	П	И	Т	І	А	Е	Я	Г
Р	Н	И	І	І	Ш	Ц	К	Ї	Д	К	А	О	Е
І	Є	Г	Р	Я	Ц	К	А	А	Н	И	Л	Л	Р
Я	В	П	Е	Н	А	Е	П	Г	А	С	Б	А	І
Р	Б	Ь	Б	Г	П	Н	Р	Ґ	Л	К	А	О	Я
И	Ц	У	І	К	Д	І	Щ	Г	Р	Е	Н	С	Н
П	Ш	Д	Л	К	Я	Я	Є	Я	І	М	І	Я	Ф
Я	М	А	Й	К	А	И	Б	Щ	Г	Г	Я	П	Ч
Л	Ф	Ц	Ц	Л	Ц	Т	У	К	Р	А	Ї	Н	А

АЛБАНІЯ
ЕФІОПІЯ
ФРАНЦІЯ
ГРЕЦІЯ
ГАЇТІ
ІРЛАНДІЯ
ЯМАЙКА
ЯПОНІЯ
КЕНІЯ
ЛАОС
ЛІБЕРІЯ
МЕКСИКА
НЕПАЛ
НІГЕРІЯ
ПАКИСТАН
РОСІЯ
СУДАН
СИРІЯ
УГАНДА
УКРАЇНА

66 - Fahrzeuge

Р	О	Т	К	А	Р	Т	А	Е	Д	Х	Б	П	Н
І	Н	К	А	Т	І	Л	Т	В	І	К	К	О	И
Ч	Р	Л	В	К	О	С	Е	Х	Т	А	І	Ї	А
Л	Е	Г	Т	Е	С	Ф	К	Ґ	Х	О	Ь	З	Ц
Ж	Д	Ч	Д	Р	Л	І	А	К	Ч	К	Б	Д	Т
У	Л	У	Ь	Ч	К	О	Р	Т	Е	М	Я	У	Р
П	Л	І	Т	Ф	Ш	Є	С	П	О	Р	О	М	С
В	Е	Р	Т	О	Л	І	Т	И	Є	П	Ґ	Ш	К
Е	Р	Ц	Ф	У	Р	Г	О	Н	П	Р	Ґ	И	А
Б	О	Ч	Н	С	О	Д	И	Е	Г	Е	К	Н	Р
У	Ч	Д	Х	Ч	Т	Щ	Б	В	Ю	Т	Д	И	А
Щ	Ю	Щ	Ц	Ь	О	Ь	М	О	С	У	Ь	Т	В
Б	А	Д	Ц	И	М	Є	Е	Ч	С	К	В	Р	А
А	В	Т	О	М	О	Б	І	Л	Ь	С	Ц	Ж	Н

АВТОМОБІЛЬ
ЧОВЕН
АВТОБУС
ВЕЛОСИПЕД
ПОРОМ
ПЛІТ
ЛІТАК
ВЕРТОЛІТ
МОТОР
РАКЕТА
ШИНИ
СКУТЕР
ТАКСІ
ТРАКТОР
МЕТРО
ФУРГОН
КАРАВАН
ПОЇЗД

67 - Musikinstrumente

С	Х	Ґ	О	У	Ю	И	Ґ	Ч	Г	А	Ф	Г	Є
М	А	Н	Д	О	Л	І	Н	А	О	Ф	Р	С	О
Т	Н	О	Ж	Д	Н	А	Б	Ц	М	Л	У	Ф	Н
Р	Ю	Б	М	А	Б	П	В	Ц	І	Е	Ц	Щ	А
У	Я	У	С	Ь	О	Ф	К	А	Л	Й	В	Г	І
Б	А	Б	Т	Е	Н	Р	А	Л	К	Т	І	О	П
А	С	К	Р	И	П	К	А	Т	И	А	О	Н	Е
Г	Д	Ф	І	Т	Р	О	М	Б	О	Н	Л	Г	Т
Х	О	У	Е	Н	А	Б	А	Р	А	Б	О	Г	Р
Ь	Ч	Е	Щ	Я	О	У	Ц	А	Р	Ф	Н	О	О
Т	Н	О	М	О	Є	М	Ц	Д	А	А	Ч	Б	Ф
Ф	Б	Е	А	В	О	И	Р	У	Т	Г	Е	О	П
С	А	К	С	О	Ф	О	Н	А	І	О	Л	Й	М
Д	А	Є	В	Ч	Н	Ю	Ж	Ь	Г	Т	Ь	О	Ь

БАНДЖО
ВІОЛОНЧЕЛЬ
ГОМІЛКИ
ФАГОТ
ФЛЕЙТА
СКРИПКА
ГІТАРА
ГОНГ
АРФА
КЛАРНЕТ

ФОРТЕПІАНО
МАНДОЛІНА
ГАРМОНІКА
ГОБОЙ
ТРОМБОН
САКСОФОН
УДАР
БУБОН
БАРАБАН
ТРУБА

68 - Blumen

Б	К	И	Н	Ш	Я	Н	О	С	М	С	Ф	Е	М
У	Є	О	П	Л	Ю	М	Е	Р	І	Я	М	Л	А
З	Л	Д	Н	Х	Г	О	Р	Х	І	Д	Е	Я	Г
О	Г	П	Л	Ю	Н	А	П	Ь	Л	Ю	Т	І	Н
К	Р	Е	Ф	А	Ш	Ц	Р	Б	Ч	Ц	С	Н	О
Б	Ц	Л	Я	Б	В	И	Н	Д	Ю	Щ	У	О	Л
Щ	Б	Ю	Я	А	А	А	Н	Ж	Е	Т	К	В	І
Н	Щ	С	С	Б	Ю	К	Н	А	Ю	Н	С	І	Я
О	Ф	Т	С	Ь	Е	Ш	И	Д	Д	Ч	І	П	Т
Х	Ґ	К	Ч	Л	К	А	М	Н	А	Д	Б	Я	І
Ч	Ф	А	Ч	У	Д	М	С	Я	Ш	І	І	К	Є
С	О	К	Х	К	Ю	О	А	О	Ч	Х	Г	Т	Х
Х	Ж	С	У	І	Ж	Р	Ж	Р	Л	І	Л	І	Я
Ф	Б	Н	И	Ш	Ч	Е	Ю	Т	Е	К	У	Б	Л

ПЕЛЮСТКА
ГАРДЕНІЯ
РОМАШКА
ГІБІСКУС
ЖАСМИН
КОНЮШИНА
ЛАВАНДА
БУЗОК
ЛІЛІЯ
КУЛЬБАБА
МАГНОЛІЯ
МАК
ОРХІДЕЯ
ПІВОНІЯ
ПЛЮМЕРІЯ
ТРОЯНДА
СОНЯШНИК
БУКЕТ
ТЮЛЬПАН

69 - Natur

Д	И	Н	А	М	І	Ч	Н	И	Й	І	А	А	Ь
С	Р	Ч	Д	Ф	Щ	Ґ	У	Я	А	С	А	Р	К
Б	Е	З	Т	У	Р	Б	О	Т	Н	И	Й	К	П
Щ	Е	Л	Щ	Е	К	Ю	Е	С	И	Л	Н	Т	У
Б	Ц	Т	Я	Щ	Є	Т	Д	И	Р	Х	Ц	И	С
Х	М	А	Р	И	У	Р	И	Л	А	С	Ш	Ч	Т
І	Ц	К	Є	Л	О	О	К	І	В	Ф	Ю	Н	Е
Х	П	Ч	Б	И	И	П	И	І	Т	Г	Д	И	Л
Б	Ф	І	П	Т	Ю	І	Й	Ф	Р	Ю	О	Й	Я
М	Д	Р	Ц	Я	Л	Ч	Т	У	М	А	Н	Р	П
Л	И	Ж	Щ	В	Ь	Н	Е	Р	О	З	І	Я	И
И	Т	Р	І	С	К	И	В	О	Д	О	Ь	Л	Я
К	Б	Е	Н	Л	Е	Й	Б	К	Щ	Н	І	Ш	Я
Л	І	С	Н	О	П	Р	И	Т	У	Л	О	К	Ц

АРКТИЧНИЙ
ГОРИ
БДЖІЛ
ДИНАМІЧНИЙ
ЕРОЗІЯ
РІЧКА
МИРНО
ЛЬОДОВИК
СВЯТИЛИЩЕ
БЕЗТУРБОТНИЙ
ЛИСТЯ
ТУМАН
КРАСА
ПРИТУЛОК
ТВАРИН
ТРОПІЧНИЙ
ЛІС
ДИКИЙ
ХМАРИ
ПУСТЕЛЯ

70 - Urlaub #2

А	Е	Р	О	П	О	Р	Т	П	Б	Є	Д	И	П
Г	Ш	Н	У	Ф	Я	Д	О	О	Ь	Ю	О	Д	Р
Р	Е	С	Т	О	Р	А	Н	Ї	Х	Н	З	І	И
К	А	Р	Т	А	У	Щ	А	З	М	А	В	Н	З
Ж	З	Т	Ь	Н	Я	Ь	М	Д	Ю	Т	І	О	Н
Ц	І	П	С	В	Я	Т	О	Б	Ч	Е	Л	З	А
Н	В	Д	О	Г	Н	І	П	М	Е	К	Л	Е	Ч
В	А	И	Р	Д	Ь	Л	Е	Т	О	Г	Я	М	Е
Г	Ж	М	Т	Р	О	П	С	Н	А	Р	Т	Н	Н
Х	Е	А	Е	В	І	Р	Т	С	О	О	Е	И	Н
І	С	К	А	Т	Є	Е	О	И	Ш	И	Ц	Й	Я
П	А	С	П	О	Р	Т	Л	Ж	Я	Л	П	Д	Є
Ь	Е	Ш	Ш	П	І	Н	О	З	Е	М	Е	Ц	Ь
С	Б	І	М	І	Ч	Ц	І	Е	Р	Д	Н	О	Т

ІНОЗЕМЕЦЬ
ІНОЗЕМНИЙ
КЕМПІНГ
АЕРОПОРТ
ДОЗВІЛЛЯ
ГОТЕЛЬ
ОСТРІВ
КАРТА
МОРЕ
ПАСПОРТ
ПОДОРОЖ
РЕСТОРАН
ПЛЯЖ
ТАКСІ
ТРАНСПОРТ
СВЯТО
ВІЗА
НАМЕТ
ПРИЗНАЧЕННЯ
ПОЇЗД

71 - Zirkus

Д	М	Ж	М	Ґ	Р	Ь	Т	Ґ	Х	Н	П	Г	Х
Ш	Я	Н	С	К	О	Т	И	В	К	Д	О	Л	Є
Ц	И	А	Ш	В	З	Щ	И	Т	Е	Ж	К	Я	Т
Ю	Н	Б	П	Ш	В	О	Б	Е	Ш	Л	А	Д	Ь
Д	Ч	Я	І	Г	А	М	Є	Х	Ю	Ч	З	А	И
М	Т	Р	Я	Ж	Ж	Д	Ф	М	Ш	Ф	А	Ч	Л
Г	А	Е	К	Д	А	Р	А	П	П	М	Т	П	М
Я	Б	Л	М	Ю	Т	С	О	К	Л	А	И	Є	Ц
Ф	О	Г	У	А	И	Т	Ч	Н	І	В	А	Х	И
Х	Р	Н	З	Ж	Н	Ш	О	С	О	П	Щ	Х	П
Н	К	О	И	Ь	Д	С	Щ	Л	Ч	А	Є	Б	Т
Б	А	Ж	К	Н	К	Щ	К	О	Ч	Щ	У	Ґ	И
М	Щ	И	А	Ю	Н	Д	П	Н	У	О	Л	К	Г
Т	В	А	Р	И	Н	Н	Т	Ц	Ф	М	А	Г	Р

МАВПА
АКРОБАТ
КЛОУН
СЛОН
КВИТОК
ЖОНГЛЕР
КОСТЮМ
ЛЕВ
МАГІЯ
МУЗИКА
ПАРАД
ТВАРИН
ТИГР
РОЗВАЖАТИ
МАГ
ПОКАЗАТИ
НАМЕТ
ГЛЯДАЧ

72 - Barbecues

К	У	Р	К	А	О	Г	Я	С	У	О	С	Е	Б
Є	М	Б	Н	І	Т	Б	Ю	Р	А	Д	Ф	Ч	Х
В	У	Б	П	И	І	Ж	І	И	К	Л	И	В	А
Е	З	Щ	Х	Д	Л	Ш	Ж	Д	Я	Ч	А	Я	Ц
Ч	И	Ш	І	Д	І	Ч	О	В	О	І	Ь	Т	Є
Е	К	Ґ	Ч	Щ	Б	М	Н	Ю	А	Г	И	К	И
Р	А	Ш	В	Ь	Ц	Е	Р	Е	П	Р	К	У	Т
Я	Р	О	Д	И	Н	А	Ч	Р	В	И	М	Р	І
Ц	Х	Ь	Ю	К	Е	С	А	Я	М	Г	Г	Ф	Д
Г	Т	Ю	Х	І	А	І	З	У	Р	Д	Ґ	Ю	О
Е	Я	Ч	Д	Є	Д	Л	Д	Ч	П	А	Є	К	Л
Н	Ю	С	Г	А	Б	Ь	Л	И	Р	Г	Г	В	О
Ц	Е	У	Ч	Р	О	Г	Ц	Н	Л	Д	В	Ц	Г
С	В	Ц	Ь	И	Ц	Ц	Щ	Ь	Ю	А	Є	И	Я

ВЕЧЕРЯ
РОДИНА
ДРУЗІ
ФРУКТ
ВИЛКИ
ОВОЧІ
ГРИЛЬ
ГАРЯЧЕ
КУРКА
ГОЛОД
ДІТИ
НОЖІ
ОБІД
МУЗИКА
ПЕРЕЦЬ
САЛАТИ
СІЛЬ
ЛІТО
СОУС
ІГРИ

73 - Geographie

Е	О	Ґ	Ц	Р	Ц	Ш	П	Н	Х	Ю	Ґ	Т	М
К	Я	Х	П	Є	Ь	С	И	С	Р	Ц	Я	Е	Е
В	І	У	В	О	Я	А	Ч	Р	Г	О	А	Р	Р
А	С	Ю	Ь	Ч	Ч	Л	Ш	Я	О	Щ	Н	И	И
Т	С	П	В	І	Р	Т	С	О	Я	Т	Ї	Т	Д
О	Р	В	Ж	Щ	І	А	В	Х	Е	Ф	А	О	І
Р	Н	Ц	І	О	Ч	Т	Л	С	Б	Ф	Р	Р	А
Г	О	Р	А	Т	К	О	Т	С	І	М	К	І	Н
В	І	Я	И	А	А	С	К	Щ	Щ	М	Р	Я	О
Л	Г	Ю	Щ	Я	Т	И	Б	Е	Р	О	М	Ь	Т
Ь	Е	Е	Ґ	Ф	Р	В	Л	Ґ	А	В	Ь	Г	Ж
Е	Р	Х	Б	С	А	К	Г	Ч	І	Н	В	І	П
О	Щ	Я	Л	У	К	В	І	П	З	А	Х	І	Д
К	О	Н	Т	И	Н	Е	Н	Т	Ц	Ю	К	С	Ь

АТЛАС
ЕКВАТОР
ГОРА
ШИРОТА
РІЧКА
ТЕРИТОРІЯ
ПІВКУЛЯ
ВИСОТА
ОСТРІВ
КАРТА
КОНТИНЕНТ
КРАЇНА
МОРЕ
МЕРИДІАН
ПІВНІЧ
ОКЕАН
РЕГІОН
МІСТО
СВІТ
ЗАХІД

74 - Zahlen

Є	Ш	Ч	Б	Е	Д	Д	Е	С	Я	Т	Ь	П	Ч
Д	Р	Ш	Ч	М	Е	Ф	Є	Д	В	А	Т	Я	О
Е	Т	І	Ь	Щ	В	Ю	Ь	Л	Б	Т	Я	Т	Т
С	Е	С	І	Ь	Я	І	Щ	Ч	Ь	П	Ц	Н	И
Я	П	Т	Ч	Ґ	Т	Я	О	Е	Т	Д	Д	А	Р
Т	Я	Н	О	Ґ	Н	Я	Ш	Ґ	Я	Я	А	Д	Н
К	Т	А	Т	Ю	А	Г	Ц	Л	Ц	Т	В	Ц	А
О	Ь	Д	И	Е	Д	И	Ь	Д	Д	Ж	Д	Я	Д
В	О	Ц	Р	Ш	Ц	Ч	Ц	Ж	А	Р	Д	Т	Ц
И	Н	Я	И	Ґ	Я	У	Т	Щ	Н	Н	Г	Ь	Я
Й	К	Т	Ф	Ґ	Т	Ж	Р	С	М	Р	И	Б	Т
С	Х	Ь	А	Е	Ь	Ч	И	Т	І	Т	І	Р	Ь
С	М	Д	Е	В	Я	Т	Ь	Д	С	М	Х	К	Т
Н	У	Л	Ь	Ш	І	С	Т	Ь	В	І	С	І	М

ВІСІМ
ДЕСЯТКОВИЙ
ТРИ
ТРИНАДЦЯТЬ
П'ЯТЬ
П'ЯТНАДЦЯТЬ
ДЕВ'ЯТЬ
ДЕВ'ЯТНАДЦЯТЬ
НУЛЬ
ШІСТЬ
ШІСТНАДЦЯТЬ
СІМ
СІМНАДЦЯТЬ
ЧОТИРИ
ЧОТИРНАДЦЯТЬ
ДЕСЯТЬ
ДВАДЦЯТЬ
ДВА

75 - Tage und Monate

Ц	Ь	О	К	Є	К	Х	М	Ч	Р	Ь	Х	П	І
С	І	Ч	Е	Н	Ь	А	М	Г	Г	І	Щ	Я	Б
Л	И	П	Е	Н	Ь	Д	Л	Х	К	Ь	К	Т	Щ
К	К	Щ	К	Х	Д	Е	І	Е	Ь	Н	Е	Н	Ж
О	А	К	Ґ	Ь	С	Р	П	Ч	Н	Е	П	И	В
Л	Ю	Т	И	Й	І	Е	Ч	Е	Е	Д	Щ	Ц	І
І	Н	Ц	Ґ	И	Н	С	К	Т	Д	Ж	А	Я	В
Д	Ж	О	В	Т	Е	Н	Ь	В	У	И	Т	Р	Т
Е	Ь	Я	Ь	Ш	Т	М	Е	Е	Р	Т	О	Я	О
Н	Н	Е	Д	І	Л	Я	І	Р	Г	Щ	Б	І	Р
О	С	Е	Р	П	Е	Н	Ь	С	Ю	І	У	Ф	О
П	Л	И	С	Т	О	П	А	Д	Я	Т	С	К	К
В	Е	Р	Е	С	Е	Н	Ь	Б	Т	Ц	Б	Щ	Х
Ц	Н	У	Ч	Ч	Е	Р	В	Е	Н	Ь	Ь	Щ	І

СЕРПЕНЬ
ГРУДЕНЬ
ВІВТОРОК
ЧЕТВЕР
ЛЮТИЙ
П'ЯТНИЦЯ
РІК
СІЧЕНЬ
ЛИПЕНЬ
ЧЕРВЕНЬ
КАЛЕНДАР
СЕРЕДА
МІСЯЦЬ
ПОНЕДІЛОК
ЛИСТОПАД
ЖОВТЕНЬ
СУБОТА
ВЕРЕСЕНЬ
НЕДІЛЯ
ТИЖДЕНЬ

76 - Das Unternehmen

О	М	М	Н	Г	Р	М	Ь	Е	Ю	Ї	Г	П	П
Х	Д	І	Х	О	Д	Е	Т	Т	Т	І	Н	Р	Р
Г	О	И	Ч	Є	Н	К	С	А	С	Ц	Ч	О	О
Т	Л	А	Н	К	Ь	Ц	І	У	Е	И	С	М	Ф
Ц	П	О	Ю	И	А	Щ	К	І	Р	Т	Ю	И	Е
Б	Ж	Я	Б	Ф	Ц	Ф	Я	К	Г	С	Я	С	С
Л	С	П	Т	А	Н	Ь	О	О	О	Е	И	Л	І
Щ	Х	Е	Ь	И	Л	Е	Н	Д	Р	В	М	О	Й
Р	И	З	И	К	И	Ь	Я	Н	П	Н	Б	В	Н
Р	І	Ш	Е	Н	Н	Я	Н	Ш	С	І	І	О	И
П	Р	О	Д	У	К	Т	Ч	И	Є	Д	З	С	Й
Т	В	О	Р	Ч	И	Й	Є	Є	Й	Н	Н	Т	А
З	А	Й	Н	Я	Т	І	С	Т	Ь	Б	Е	І	Ю
П	Р	Е	З	Е	Н	Т	А	Ц	І	Я	С	Ю	Л

ЗАЙНЯТІСТЬ
ОДИНИЦЬ
ДОХІД
РІШЕННЯ
ПРОГРЕС
БІЗНЕС
ГЛОБАЛЬНИЙ
ПРОМИСЛОВОСТІ
ІНВЕСТИЦІЇ
ТВОРЧИЙ
ПРЕЗЕНТАЦІЯ
ПРОДУКТ
ПРОФЕСІЙНИЙ
ЯКІСТЬ
РЕСУРСИ
РИЗИКИ

77 - Kräuterkunde

Ь	Ц	Е	Р	Б	Е	Ч	Ж	О	В	Ф	А	М	О
Я	А	Ч	Н	О	Г	А	Р	Т	С	Е	Р	А	Ж
И	К	Е	Ґ	Ф	З	О	Т	Щ	И	Ж	О	Й	В
Є	Т	І	О	О	С	М	А	І	П	Ь	М	О	А
К	І	Я	С	Ж	Х	В	А	Н	П	Л	А	Р	С
К	В	Ю	Г	Т	О	И	Ч	Р	Ц	Е	Т	А	И
П	К	Щ	Б	А	Ь	Г	А	А	И	Х	И	Н	Л
І	Е	Ж	І	Н	Щ	І	С	Н	А	Н	Ч	Л	Ь
Р	Ю	Т	А	А	У	Д	Н	І	Р	Е	Н	А	Є
К	У	Р	Р	Н	Ґ	Н	И	Л	О	Ф	И	В	Л
С	Д	П	Р	У	Ш	И	К	У	М	Я	Й	А	Ж
А	Ц	Е	И	Є	Ш	Й	Ю	К	А	Г	О	Н	Ч
Д	Є	М	К	Ш	В	К	Р	В	Т	Х	У	Д	В
Х	У	Д	Ш	П	П	Н	А	Р	Ф	А	Ш	А	Г

АРОМАТИЧНИЙ
ВАСИЛЬ
КВІТКА
КРІП
ЕСТРАГОН
ФЕНХЕЛЬ
САД
АРОМАТ
ЧАСНИК
КУЛІНАРНІ
ЛАВАНДА
МАЙОРАН
ПЕТРУШКА
ЯКІСТЬ
РОЗМАРИН
ШАФРАН
ЧЕБРЕЦЬ
ВИГІДНИЙ

78 - Formen

О	Б	Г	І	П	Е	Р	Б	О	Л	А	К	Т	Ь
В	А	В	И	Р	К	І	Б	Ч	Б	А	Г	У	Д
А	Г	С	С	О	О	М	Е	Т	Ь	Л	М	К	Б
Л	А	П	Р	Я	М	О	К	У	Т	Н	И	К	Ц
Ь	Т	Б	В	Ц	І	У	К	І	Р	Ц	Ю	М	И
Н	О	Т	С	П	І	Л	Е	Р	Ь	Л	С	Н	Л
И	К	Р	У	Л	С	Г	Є	Ц	У	У	Л	А	І
Й	У	И	Н	О	Л	О	К	М	П	Г	Х	Ю	Н
Ш	Т	К	О	Щ	С	Я	Я	І	Н	І	Л	К	Д
Є	Н	У	К	А	Х	С	Н	Щ	Д	Н	Ц	И	Р
У	И	Т	К	Ю	Ц	І	Ф	Ф	П	Р	Р	Л	Й
Ґ	К	Н	Г	П	Є	Г	Ю	Е	Г	Ґ	Х	С	К
В	Е	И	Д	Х	А	М	З	И	Р	П	П	Т	Х
Ц	Ґ	К	Н	С	Д	А	Д	І	М	А	Р	І	П

ДУГА
ТРИКУТНИК
КУТ
ЕЛІПС
ГІПЕРБОЛА
КОНУС
КОЛО
СФЕРА
КРИВА
ЛІНІЯ
ОВАЛЬНИЙ
БАГАТОКУТНИК
ПРИЗМА
ПІРАМІДА
ПЛОЩА
ПРЯМОКУТНИК
КРУГЛИЙ
БІК
КУБ
ЦИЛІНДР

79 - Musik

М	Т	И	Р	К	Л	А	С	И	Ч	Н	И	Й	Г
С	У	И	Я	А	І	Ш	Щ	Г	Й	У	Ц	Ґ	А
Н	П	З	В	Щ	І	Е	Ь	И	И	Я	А	О	Р
О	Р	І	И	Х	О	Р	Л	В	Н	І	П	Е	М
Ф	П	Г	В	К	Л	І	Р	И	Ч	Н	И	Й	О
О	Я	Е	Т	А	А	Щ	Р	Т	И	О	Ш	У	Н
Р	І	Ж	Р	Ч	Т	Н	Л	Е	Т	М	С	І	І
К	Ж	В	Я	А	С	И	Т	М	Е	Р	Н	Ж	Й
І	Б	А	Л	А	Д	А	Ж	П	О	А	Г	П	Н
М	О	Б	Ь	Л	А	И	Т	У	П	Г	В	Ф	И
І	М	П	Р	О	В	І	З	У	В	А	Т	И	Х
Д	Л	Є	Г	Ц	Н	Ю	С	П	І	В	А	К	Я
Щ	Р	М	Е	Л	О	Д	І	Я	Ґ	Ґ	Д	Ф	Щ
Ф	Л	Є	Л	І	Н	С	Т	Р	У	М	Е	Н	Т

АЛЬБОМ
БАЛАДА
ХОР
ГАРМОНІЯ
ГАРМОНІЙНИХ
ІМПРОВІЗУВАТИ
ІНСТРУМЕНТ
КЛАСИЧНИЙ
ЛІРИЧНИЙ
МЕЛОДІЯ
МІКРОФОН
МУЗИКАНТ
ОПЕРА
ПОЕТИЧНИЙ
РИТМ
СПІВАК
СПІВАТИ
ТЕМП

80 - Antiquitäten

Н	М	Ц	Б	Т	Ґ	І	Г	М	Ю	К	Ґ	И	О
Е	И	І	С	Ц	Т	С	А	І	З	У	Т	Н	Е
З	С	Н	Т	Ж	Л	Ь	Л	И	Т	С	К	И	Д
В	Т	Н	О	А	Ж	У	Е	Б	И	Я	Н	Т	Е
И	Е	І	Л	Е	Й	И	Р	А	Т	С	У	Р	К
Ч	Ц	С	І	С	Л	Ж	Е	Р	Е	Ц	П	А	О
А	Т	Т	Т	Л	П	Е	Я	П	Н	І	О	К	Р
Й	В	Ь	Т	Щ	Б	Р	Г	Ю	О	Н	П	Ш	А
Н	О	Щ	Я	У	А	Е	А	А	М	А	Ч	П	Т
І	А	М	Р	А	Ф	М	М	В	Н	Л	Х	Ж	И
А	У	К	Ц	І	О	Н	П	М	Ж	Т	Ч	І	В
І	Н	В	Е	С	Т	И	Ц	І	Ї	Н	Н	Т	Н
С	К	У	Л	Ь	П	Т	У	Р	А	И	І	И	І
Я	К	І	С	Т	Ь	Г	Ґ	О	Ц	Т	Д	М	Й

СТАРИЙ
ПУНКТ
СПРАВЖНІМ
ДЕКОРАТИВНІ
ЕЛЕГАНТНИЙ
ЕНТУЗІАСТ
ГАЛЕРЕЯ
КАРТИНИ
ІНВЕСТИЦІЇ
СТОЛІТТЯ
МИСТЕЦТВО
МЕБЛІ
МОНЕТИ
ЦІНА
ЯКІСТЬ
СКУЛЬПТУРА
СТИЛЬ
НЕЗВИЧАЙНІ
АУКЦІОН
ЦІННІСТЬ

81 - Adjektive #2

Д	Р	А	М	А	Т	И	Ч	Н	І	Я	У	Т	Г
Х	М	Б	О	П	И	С	О	В	И	Й	Х	П	О
П	Г	О	С	Т	Р	И	Й	Ц	С	Ф	П	Ґ	Л
Д	Г	К	Д	М	І	Н	Ж	В	А	Р	П	С	О
Е	Л	Е	Г	А	Н	Т	Н	И	Й	Г	В	О	Д
Т	В	О	Р	Ч	И	Й	И	К	И	Д	У	Л	Н
С	В	І	Ж	И	Й	Н	И	Н	Д	О	А	О	И
Ї	С	Т	І	В	Н	И	Й	Д	О	Ж	И	Н	Й
П	Р	И	Р	О	Д	Н	И	Й	Р	В	В	И	И
З	Д	О	Р	О	В	И	Й	А	Ф	О	И	Й	М
Н	О	Р	М	А	Л	Ь	Н	И	Й	Ґ	Г	Й	О
П	Р	О	Д	У	К	Т	И	В	Н	И	Й	У	Д
Щ	С	И	Л	Ь	Н	И	Й	О	Ц	Н	А	Є	І
Ц	І	К	А	В	И	Й	И	Є	Ґ	Е	Ф	Ж	В

СПРАВЖНІМ
ВІДОМИЙ
ОПИСОВИЙ
ДРАМАТИЧНІ
ЕЛЕГАНТНИЙ
ЇСТІВНИЙ
СВІЖИЙ
ЗДОРОВИЙ
ГОЛОДНИЙ
ЦІКАВИЙ
ТВОРЧИЙ
ПРИРОДНИЙ
НОВИЙ
НОРМАЛЬНИЙ
ПРОДУКТИВНИЙ
СОЛОНИЙ
СИЛЬНИЙ
ГОРДИЙ
ДИКИЙ
ГОСТРИЙ

82 - Kleidung

Х	Р	У	К	А	В	И	Ч	К	И	В	І	Ю	Х
Ю	Л	А	Є	Ф	С	Л	А	К	Ч	О	Р	О	С
Л	К	С	П	І	Д	Н	И	Ц	Я	К	Х	Т	Ґ
Е	Ж	В	З	У	Т	Т	Я	Д	Ж	И	Н	С	И
П	М	О	Д	А	И	Д	Е	Ш	Т	А	Н	И	Б
А	О	Ф	А	Р	Т	У	Х	Л	П	М	Ч	М	Л
К	Ц	Я	Я	Л	Ч	А	П	С	Л	А	С	А	У
И	Г	Л	С	Х	Т	О	А	Ш	А	Ж	А	Н	З
Б	Р	А	С	Л	Е	Т	Л	А	Т	І	Н	К	К
Т	Ш	Т	Ц	Г	Л	Т	Ь	Р	Т	П	Д	У	А
Т	Г	Л	Е	Ш	Х	Р	Т	Ф	Я	Є	А	Р	Х
Ч	Ч	Ц	Ю	В	Ш	Ц	О	Ж	П	Л	Л	Т	И
Є	Є	М	Є	Щ	С	А	В	П	Ж	Ш	І	К	І
Ь	Р	А	Р	Ф	Я	У	У	Ч	Т	В	Є	А	В

БРАСЛЕТ
БЛУЗКА
ПОЯС
НАМИСТО
РУКАВИЧКИ
СОРОЧКА
ШТАНИ
КАПЕЛЮХ
КУРТКА
ДЖИНСИ
ПЛАТТЯ
ПАЛЬТО
МОДА
СВЕТР
СПІДНИЦЯ
САНДАЛІ
ШАРФ
ПІЖАМА
ВЗУТТЯ
ФАРТУХ

83 - Farben

Ж	Д	Ч	І	Н	Д	И	Г	О	Ц	Х	Б	Н	Р
Ф	О	С	И	Н	І	Й	И	Л	І	Б	М	Г	Ю
І	К	В	Б	Л	А	К	И	Т	Н	И	Й	Р	И
О	О	О	Т	Ф	У	К	С	І	Я	И	Є	И	Я
Л	Р	Р	Б	И	И	М	Д	В	Ц	П	Ж	Е	Б
Е	И	А	Е	Ф	Й	Й	И	Н	Р	У	З	А	Л
Т	Ч	Н	Ж	Г	Й	И	В	О	Н	И	Л	А	М
О	Н	Ж	Е	І	Е	В	Р	Ф	Щ	Ч	Ф	Д	Ш
В	Е	Е	В	В	С	Е	П	І	Я	О	Ж	Ф	И
И	В	В	И	П	А	Ж	Е	У	С	Р	О	О	Ґ
Й	И	И	Й	Н	Ф	О	М	Ж	Х	Н	Ґ	Є	Ч
А	Й	Й	І	В	Є	Р	С	Т	Ч	И	Ф	Г	Д
Ч	Е	Р	В	О	Н	И	Й	В	Ч	Й	В	Ц	Х
З	Е	Л	Е	Н	И	Й	К	В	К	Ґ	Щ	Ц	Е

ЛАЗУРНИЙ
БЕЖЕВИЙ
СИНІЙ
КОРИЧНЕВИЙ
ФУКСІЯ
ЖОВТИЙ
СІРИЙ
ЗЕЛЕНИЙ
ІНДИГО
ФІОЛЕТОВИЙ
ОРАНЖЕВИЙ
МАЛИНОВИЙ
РОЖЕВИЙ
ЧЕРВОНИЙ
ЧОРНИЙ
СЕПІЯ
БІЛИЙ
БЛАКИТНИЙ

84 - Haus

К	Ш	Д	П	Х	Н	Б	О	Б	Р	Ь	Ж	М	Я
К	Ґ	Т	В	Ш	А	Л	Т	І	М	Д	Я	Е	Ю
Є	Ф	У	Д	Е	К	І	Ц	Б	В	Д	Ь	Б	В
Ц	В	Х	І	Ц	Р	В	Ґ	Л	У	У	А	Л	О
І	Ь	Г	Х	О	А	І	Б	І	С	О	Т	І	С
Щ	И	Б	О	Щ	П	Г	Є	О	Т	С	А	Д	Ж
Я	О	І	М	Р	Р	И	Р	Т	І	У	Н	Ф	І
М	У	Є	И	Л	И	Ч	К	Е	Н	І	М	А	К
М	Р	Е	Д	Т	Ц	Щ	І	К	А	Щ	І	П	Щ
Ь	М	Н	У	А	Л	Щ	Е	А	К	Я	К	М	Я
У	Ю	О	Ш	Г	А	Р	А	Ж	И	У	С	А	А
Д	З	Е	Р	К	А	Л	О	Д	А	Х	Х	Л	Н
С	П	А	Л	Ь	Н	Я	Л	Е	Т	С	Г	Н	К
Д	В	І	К	Н	О	Ч	Д	Ф	Ж	В	А	Г	Я

МІТЛА
БІБЛІОТЕКА
ДАХ
ГОРИЩЕ
СТЕЛЯ
ДУШ
ВІКНО
ГАРАЖ
САД
КАМІН

КУХНЯ
ЛАМПА
МЕБЛІ
СПАЛЬНЯ
ДИМОХІД
ДЗЕРКАЛО
ДВЕРІ
СТІНА
ПАРКАН
КІМНАТА

85 - Bauernhof #1

Я	Ш	Я	Ґ	Є	Х	Ґ	Е	Ш	Т	Ш	Ч	Б	І
Ж	О	В	И	Р	Б	О	Д	К	Е	У	Р	Г	П
С	Ш	Ч	Ф	В	У	О	Д	Ф	Л	Ж	Ц	К	Д
В	О	Р	О	Н	А	Н	Л	Ч	Я	О	А	У	Ч
З	Л	А	З	О	К	І	Т	Ж	Р	Ю	Л	И	И
І	Е	Л	О	П	Р	С	Д	Є	И	У	Х	М	Ц
Є	С	М	Б	Н	У	И	Ц	Ш	С	Ж	Х	К	Д
І	О	Ь	Л	Ґ	К	А	Д	В	Б	Д	Щ	Б	Ь
П	Р	Ч	У	Я	Н	И	В	С	К	Е	Ч	Ш	В
Ф	А	Л	О	Ж	Д	Б	Ж	Є	І	Н	Р	М	Б
У	Д	Р	Х	И	К	Є	Б	Х	Н	И	М	Х	Ш
Ґ	О	Б	К	К	І	Ш	К	А	Ь	Я	Е	Д	М
Е	В	У	Ж	А	В	О	Р	О	К	Ф	Д	М	А
Ю	А	Т	У	Д	Н	Т	І	Г	Л	П	Е	С	Ж

БДЖОЛА
ҐРУНТ
ДОБРИВО
ОСЕЛ
ПОЛЕ
СІНО
МЕД
КУРКА
ПЕС
ТЕЛЯ
КІШКА
ВОРОНА
КОРОВА
ЗЕМЛЯ
КІНЬ
РИС
СВИНЯ
ВОДА
ПАРКАН
КОЗА

86 - Regierung

Я	І	Ц	У	Т	И	Т	С	Н	О	К	П	С	П
Б	Т	Ю	М	Х	В	Х	Ч	О	Б	П	Р	В	С
Н	Ш	Я	Ф	Ч	И	Р	Ш	К	Г	А	А	О	П
А	А	І	Б	У	Т	Л	Г	А	О	М	В	Б	П
Т	Л	Ц	Ш	М	Ь	Я	А	З	В	Я	А	О	Г
С	К	А	І	Ї	У	Т	Н	Д	О	Т	М	Д	Н
Б	А	Н	Ь	О	І	П	С	В	Р	Н	И	А	М
Ж	К	Щ	И	В	Н	П	Є	І	Е	И	Р	Т	О
С	И	М	В	О	Л	А	І	Д	Н	К	Н	Ш	В
Ц	Т	Р	Е	Д	І	Л	Л	М	Н	В	О	Ж	Л
Ш	І	Д	Ш	У	Ц	Щ	Н	Ь	Я	Ь	І	І	Е
Д	Л	Ф	Ь	С	Р	И	А	А	Н	Ю	В	Р	Н
Ґ	О	Р	А	Й	О	Н	К	В	Д	И	Є	Ч	Н
К	П	Ц	И	В	І	Л	Ь	Н	И	Й	Й	И	Я

РАЙОН
ПАМ'ЯТНИК
ОБГОВОРЕННЯ
СВОБОДА
МИРНО
ЛІДЕР
ЗАКОН
РІВНІСТЬ
СУДОВОЇ
НАЦІЯ
НАЦІОНАЛЬНИЙ
ПОЛІТИКА
ПРАВА
МОВЛЕННЯ
СТАН
СИМВОЛ
КОНСТИТУЦІЯ
ЦИВІЛЬНИЙ

87 - Berufe #1

П	М	А	Ж	М	М	Л	П	Я	Ь	Х	Р	П	П
Ф	Ц	О	С	Ч	Е	Е	Г	Є	Щ	Ж	А	І	Т
А	Д	Я	Ь	Т	І	Х	Д	Д	Д	Л	Н	А	С
А	Б	Р	П	Л	Р	Ц	А	С	И	Є	И	Н	И
Т	Р	Е	Н	Е	Р	О	Ф	Н	Е	І	Р	І	Р
Б	А	Н	К	І	Р	М	Н	Г	І	С	Е	С	Ю
Л	Ц	Н	П	Н	Е	У	І	О	У	К	Т	Т	Ц
Л	І	К	А	Р	Т	З	А	Л	М	П	Е	Р	Н
О	Ч	Е	Н	І	Л	И	Т	О	Е	Н	В	Д	А
С	А	Б	Ж	Л	А	К	Ґ	Е	Е	М	Ж	Д	Т
О	Ж	Ц	Ш	Е	Г	А	А	Г	Т	Т	Ґ	У	Д
П	М	Ф	Р	В	Х	Н	А	Д	В	О	К	А	Т
Ш	Я	Х	І	Ю	У	Т	Г	Б	О	Н	Ф	Е	Е
Л	Н	Я	І	Щ	Б	Х	У	Д	О	Ж	Н	И	К

ЛІКАР
АСТРОНОМ
БАНКІР
ПОСОЛ
БУХГАЛТЕР
ГЕОЛОГ
ЮВЕЛІР
МЕДСЕСТРА
ХУДОЖНИК
МЕХАНІК
МУЗИКАНТ
ПІАНІСТ
АДВОКАТ
ТАНЦЮРИСТ
ВЕТЕРИНАР
ТРЕНЕР

88 - Adjektive #1

Щ	П	Д	А	Г	Л	И	Б	О	К	И	Й	А	В
А	Т	Р	Д	Б	Д	У	Н	І	І	Т	Д	К	Е
С	О	Ч	И	Ц	С	Ц	І	Н	Н	И	Й	Т	Л
Л	Н	Е	Ч	В	Я	О	А	Д	Ь	П	И	И	И
И	К	С	Х	И	А	Х	Л	Ш	Ю	Ь	Н	В	Ч
В	И	Н	П	Ґ	А	Б	У	Ю	Л	О	М	Н	Е
И	Й	И	І	О	Ч	Н	Л	Д	Т	Ь	Е	И	З
Й	Ґ	Й	Б	О	И	Е	Г	И	О	Н	Т	Й	Н
Й	И	Н	Ь	Л	І	В	О	П	В	Ж	И	Ч	И
В	А	Ж	К	И	Й	И	Г	Ф	С	И	Н	Й	Й
Г	А	Р	Н	И	Й	Н	Ь	Т	І	Щ	Й	І	А
Ґ	Щ	И	П	Й	И	Н	Ь	Л	А	Е	Д	І	Й
Ц	Щ	Й	И	Н	Ч	И	Т	Н	Е	Д	І	П	К
Н	Д	С	О	Д	Ц	Й	И	Н	С	А	Ч	У	С

АБСОЛЮТНИЙ
АКТИВНИЙ
ПРИВАБЛИВИЙ
ТЕМНИЙ
ТОНКИЙ
ЧЕСНИЙ
ЩАСЛИВИЙ
ІДЕНТИЧНИЙ
ХУДОЖНІЙ
ПОВІЛЬНИЙ
СУЧАСНИЙ
ІДЕАЛЬНИЙ
ВЕЛИЧЕЗНИЙ
ГАРНИЙ
ВАЖКИЙ
ГЛИБОКИЙ
НЕВИННИЙ
ЦІННИЙ

89 - Geometrie

Ь	Ц	Л	Ґ	Б	Т	Щ	Р	Щ	С	Л	Є	М	П
В	М	Ц	Ч	О	Щ	Н	Щ	І	И	О	Л	А	А
Ь	К	Я	Ф	И	Л	Т	Н	Е	М	Г	Е	С	Р
К	О	Л	С	И	Ч	Б	Б	С	Е	І	К	П	А
Я	Н	Н	Я	Н	В	І	Р	Е	Т	К	У	Е	Л
Л	У	М	В	Ґ	К	О	Л	О	Р	А	Т	Ґ	Е
Я	Х	Ш	Р	И	Ю	Ґ	К	У	І	Ґ	И	Е	Л
Я	А	Р	А	Д	І	У	С	Р	Я	У	Ш	Р	Ь
П	Р	О	П	О	Р	Ц	І	Я	И	М	С	Д	Н
В	З	П	Л	О	Щ	А	М	І	В	В	А	Д	И
Н	О	Д	І	А	М	Е	Т	Р	І	И	А	С	Й
Ь	Р	В	И	С	О	Т	А	О	В	Ж	М	П	А
П	О	В	Е	Р	Х	Н	Я	Е	У	Ґ	Е	І	Д
К	И	Н	Т	У	К	И	Р	Т	П	А	Щ	Щ	Р

ПРОПОРЦІЯ
РОЗРАХУНОК
ВИМІР
ТРИКУТНИК
ДІАМЕТР
РІВНЯННЯ
ВИСОТА
КОЛО
КРИВА
ЛОГІКА
МАСА
ЧИСЛО
ПОВЕРХНЯ
ПАРАЛЕЛЬНИЙ
ПЛОЩА
РАДІУС
СЕГМЕНТ
СИМЕТРІЯ
ТЕОРІЯ
КУТ

90 - Jazz

Я	Ь	М	Р	О	Т	И	З	О	П	М	О	К	К
Ь	Ю	Й	И	Н	А	Р	Б	О	Е	И	П	О	О
К	Л	Ю	Т	Т	Е	Х	Н	І	К	А	Н	П	Н
Х	Ф	Я	М	О	Б	Ь	Л	А	Ч	Ч	І	Л	Ц
М	Н	О	В	И	Й	И	М	О	Д	І	В	Е	Е
А	У	Т	К	С	О	Л	О	Ж	А	Н	Р	С	Р
С	С	З	К	І	С	Д	И	А	Ч	Д	А	К	Т
Т	Т	О	И	П	І	С	Н	Я	Ц	Ц	У	И	М
А	И	Т	Р	К	И	Н	Ж	О	Д	У	Х	Ґ	У
Р	Л	У	Ю	К	А	А	С	Ч	Я	В	Л	Д	З
И	Ь	Ч	О	А	Е	Н	В	Р	Т	Р	Є	П	И
Й	Ч	Д	Ф	Я	Ь	С	Т	Ь	Н	Х	У	П	К
Ф	О	С	А	О	Ч	М	Т	І	І	М	Х	В	А
Т	А	Л	А	Н	Т	Ь	В	Р	В	Н	І	П	Г

АЛЬБОМ
СТАРИЙ
ОПЛЕСКИ
ВІДОМИЙ
ОБРАНИЙ
ЖАНР
КОМПОЗИТОР
КОНЦЕРТ
ХУДОЖНИК
ПІСНЯ
МУЗИКА
МУЗИКАНТІВ
НОВИЙ
ОРКЕСТР
РИТМ
СОЛО
СТИЛЬ
ТАЛАНТ
ТЕХНІКА

91 - Mathematik

Д	Г	Я	С	Б	О	П	У	Ж	А	Д	Ь	П	Б
Е	Т	І	У	Р	Е	Р	Х	П	К	І	Ш	Л	А
С	А	Р	М	І	Ц	Я	С	Л	И	А	А	О	Г
Я	Ф	Т	А	В	Х	М	Ц	Ґ	Т	М	Г	Щ	А
Т	Т	Е	Р	Н	Л	О	Р	И	Е	Е	Е	А	Т
К	Я	М	Е	Я	Я	К	Л	М	М	Т	О	О	О
О	Д	И	Ф	Н	И	У	Ц	Ч	Ф	Р	М	Ж	К
В	Є	С	С	Н	Р	Т	Е	М	И	Р	Е	П	У
И	Т	У	К	Я	Р	Н	Ю	Б	Р	Л	Т	Ч	Т
Й	Є	С	Ж	И	К	И	Р	Є	А	О	Р	Ж	Н
Ф	К	И	Н	Т	У	К	И	Р	Т	Н	І	У	И
П	А	Р	А	Л	Е	Л	Ь	Н	И	Й	Я	Р	К
П	А	Р	А	Л	Е	Л	О	Г	Р	А	М	Ч	Н
Р	А	Д	І	У	С	П	О	К	А	З	Н	И	К

АРИФМЕТИКА
ДЕСЯТКОВИЙ
ТРИКУТНИК
ДІАМЕТР
ПОКАЗНИК
ГЕОМЕТРІЯ
РІВНЯННЯ
СФЕРА
ПАРАЛЕЛЬНИЙ
ПАРАЛЕЛОГРАМ
БАГАТОКУТНИК
ПЛОЩА
РАДІУС
ПРЯМОКУТНИК
СУМА
СИМЕТРІЯ
ПЕРИМЕТР
ОБСЯГ
КУТИ

92 - Messungen

А	Ь	А	Б	А	Й	Т	А	Ь	Г	Р	І	Ч	И
А	Н	И	Л	И	В	Х	И	А	Г	Л	Є	Я	Е
Ь	І	Р	Б	Ґ	И	Х	С	Л	Ц	И	У	Т	Г
В	П	Е	Є	И	У	Ш	Н	Є	О	И	В	У	Т
Е	У	Д	Є	С	Ю	Ч	Х	М	А	Р	Г	У	А
Р	Т	Е	М	О	Л	І	К	А	Н	М	М	С	И
Т	С	С	Й	В	Р	Ч	К	Р	И	А	Е	А	М
І	В	Я	Ю	И	У	Т	М	Г	Ж	С	Т	Н	О
Л	Х	Т	Д	С	А	Н	Ю	О	В	А	Р	Т	Т
Ф	П	К	Є	О	Н	Г	Ц	Л	О	Г	С	И	О
Б	Ж	О	Г	Т	И	Я	С	І	Д	А	Ж	М	Н
П	Ц	В	Є	А	Р	С	Є	К	Я	В	Т	Е	Н
Е	И	И	Г	Л	И	Б	И	Н	А	Е	Є	Т	А
Ю	Ю	Й	Х	Ц	Ш	О	Щ	Я	Ж	Л	Т	Р	М

ШИРИНА
БАЙТ
ДЕСЯТКОВИЙ
ВАГА
СТУПІНЬ
ГРАМ
ВИСОТА
КІЛОГРАМ
КІЛОМЕТР
ДОВЖИНА
ЛІТР
МАСА
МЕТР
ХВИЛИНА
ГЛИБИНА
ТОННА
УНЦІЯ
ОБСЯГ
САНТИМЕТР
ДЮЙМ

93 - Boxen

Т	М	П	Н	П	Й	И	Н	Е	Ч	У	М	З	У
Т	Ж	Я	А	Ф	Г	Б	Ь	М	В	Ґ	О	Ю	Ю
Р	К	А	Л	У	К	Ф	Ж	П	О	С	Т	У	К
О	И	К	Ч	И	В	А	К	У	Р	Д	У	Ю	Ч
Б	Н	К	Х	О	Ю	Ь	Ц	П	Ь	Я	З	И	Ф
А	О	И	Л	П	Ь	Т	Я	Ґ	У	Д	К	М	О
Б	В	Є	Ш	Ж	Ю	О	Л	І	Т	Д	И	В	К
О	З	Р	Ц	И	В	К	И	В	Н	У	А	А	У
Ю	Д	Щ	М	Ь	А	І	Щ	Ф	Е	С	Щ	Р	С
В	І	Д	Н	О	В	Л	Е	Н	Н	Я	Ю	Т	У
Н	А	В	И	Ч	К	А	И	А	О	І	Ф	О	Ь
Ш	І	Ю	С	Н	Р	О	М	С	П	Е	У	Є	Ф
Є	М	Ж	П	Е	Т	В	Е	Щ	О	Д	Б	І	Н
Ш	О	М	В	П	І	Д	Б	О	Р	І	Д	Д	Я

КУТ
ЛІКОТЬ
ЗМУЧЕНИЙ
КУЛАК
НАВИЧКА
ФОКУС
ОПОНЕНТ
ДЗВОНИК
РУКАВИЧКИ
БОЄЦЬ
УДАР
ПІДБОРІДДЯ
ТІЛО
ВІДНОВЛЕННЯ
СУДДЯ
МОТУЗКИ
СИЛА
ТРАВМИ

94 - Psychologie

Т	Е	І	Ґ	К	П	І	З	Н	А	Н	Н	Я	К
Е	Г	К	Д	Д	Л	Ф	Х	І	И	Ч	У	Г	И
Р	О	В	В	Е	Х	І	Т	У	Ф	Н	Ш	О	Н
А	В	Д	Ц	О	Ї	Е	Н	У	Ь	Г	Я	Ц	Є
П	І	Т	С	О	М	О	Д	І	В	С	Д	І	П
І	В	І	Д	Ч	У	Т	Т	Я	Ч	Я	Ь	Н	П
Я	Д	И	Т	И	Н	С	Т	В	О	Н	Щ	К	Р
Н	Е	С	В	І	Д	О	М	И	Й	В	И	А	О
Ш	К	О	Н	Ф	Л	І	К	Т	Д	П	К	Й	Б
Є	Є	А	Ь	М	Ф	Ц	Т	П	Е	Л	М	Ґ	Л
О	Ч	К	Ю	П	Р	О	Ш	Ж	О	И	У	М	Е
Т	Ю	Г	Р	Л	Є	І	Ь	У	Ф	В	Д	Е	М
Г	У	Ґ	Ч	М	Ф	Е	Ї	Д	Ж	В	П	О	А
С	П	Р	И	Й	Н	Я	Т	Т	Я	Н	О	Ш	Є

ОЦІНКА
НЕСВІДОМИЙ
ЕГО
ВПЛИВ
ДУМКИ
ІДЕЇ
ДИТИНСТВО
КЛІНІЧНИЙ
ПІЗНАННЯ
КОНФЛІКТ
ПРОБЛЕМА
ВІДЧУТТЯ
ТЕРАПІЯ
МРІЇ
ПІДСВІДОМОСТІ
СПРИЙНЯТТЯ

95 - Bauernhof #2

М	З	В	Д	Х	А	Т	Ц	Х	П	Ф	Ь	В	К
О	Р	Я	І	Е	Р	Ґ	Я	Л	Ж	Е	Н	У	У
Л	О	Ч	Ф	В	Ц	О	С	О	А	Р	Е	Л	К
О	Ш	М	Р	Л	Ц	Ц	Т	Н	К	М	Ф	И	У
К	Е	І	У	Ф	Є	Я	С	К	Ч	Е	Х	К	Р
О	Н	Н	К	В	Р	Г	Ч	Й	А	Р	А	С	У
В	Н	Ь	Т	І	Т	У	Т	Ш	К	Р	В	Р	Д
Н	Я	Г	О	Т	І	Л	К	Ь	І	Р	Т	Я	З
Ґ	Т	Щ	В	Р	М	В	М	Т	Л	Ф	Н	О	А
Б	Ш	Ь	И	Я	Ь	М	Я	Н	Г	Я	Л	В	О
Х	Я	Т	Й	К	Щ	К	П	У	И	С	Л	О	Ж
В	Е	В	С	Є	А	П	А	С	Т	У	Х	Ч	Л
П	Ю	Ц	А	Е	Л	А	М	А	С	Х	Б	Х	Л
И	Р	Ш	Д	С	П	Ш	Е	Н	И	Ц	Я	Ґ	Я

ФЕРМЕР
ЗРОШЕННЯ
ВУЛИК
КАЧКА
ФРУКТ
ОВОЧ
ЯЧМІНЬ
ЛАМА
ЯГНЯ
КУКУРУДЗА
МОЛОКО
ФРУКТОВИЙ САД
СТИГЛІ
ВІВЦЯ
ПАСТУХ
САРАЙ
ТРАКТОР
ПШЕНИЦЯ
ЛУГ
ВІТРЯК

96 - Gartenarbeit

С	И	Р	Ґ	А	А	В	І	Е	У	І	И	Б	Л
Ф	Е	Ґ	Т	Р	Д	Я	Ж	К	Ш	В	А	О	И
Р	Х	З	С	У	У	М	Щ	З	Н	Е	Щ	Т	С
У	Л	Н	О	Г	Р	Н	С	О	Ш	Т	К	А	Т
К	Х	Г	П	Н	Б	Ю	Т	Т	С	И	Л	Н	Я
Т	Л	Р	М	А	Н	Ь	Г	И	Е	К	Ч	І	Н
О	Т	Ж	О	Л	Г	И	О	Ч	А	Е	С	Ч	Н
В	А	Ц	К	Ш	Ш	Ж	Й	Н	Д	С	Ч	Н	І
И	М	Л	В	Ш	Н	Ю	В	І	О	Ж	І	И	С
Й	І	Б	О	І	Г	О	Л	О	В	Е	К	Й	А
С	Л	Т	Щ	Ч	Т	Е	К	У	Б	Г	Н	Ь	Н
А	К	О	Н	Т	Е	Й	Н	Е	Р	С	Ґ	Р	И
Д	Ї	С	Т	І	В	Н	И	Й	В	И	Д	Т	Н
И	Є	Р	Ц	И	Ґ	У	Г	К	Д	Ж	Л	О	Ш

ВИД
ЛИСТ
ЦВІТ
ҐРУНТ
БОТАНІЧНИЙ
КОНТЕЙНЕР
ЇСТІВНИЙ
ЕКЗОТИЧНІ
ВОЛОГІ
КЛІМАТ
КОМПОСТ
ЛИСТЯ
ФРУКТОВИЙ САД
НАСІННЯ
СЕЗОННИЙ
ШЛАНГ
БРУД
БУКЕТ
ВОДА

97 - Berufe #2

Л	Л	Л	Ф	О	С	О	Л	І	Ф	У	Х	Ь	С
І	С	І	Р	О	Т	А	Р	Т	С	Ю	Л	І	Т
Н	Г	П	К	Х	Б	Е	Д	С	Ґ	О	А	Я	О
Г	Д	Ц	У	А	Х	П	Б	І	Х	Р	Ю	Ч	М
В	А	Е	Б	Б	Р	І	І	Л	В	Е	Ґ	В	А
І	С	В	Т	Н	О	Л	О	А	Ф	Н	К	Ь	Т
С	Т	Ч	В	Е	Г	О	Л	Н	О	Е	И	И	О
Т	Р	И	Н	О	К	Т	О	Р	Т	Ж	Н	К	Л
С	О	Т	Ь	О	В	Т	Г	У	О	Н	Д	Ц	О
Р	Н	Е	Щ	В	Ґ	Б	И	Ж	Г	І	І	Ц	Г
Ц	А	Л	У	Х	І	Ц	Д	В	Р	П	Л	Ь	К
С	В	Ь	Х	І	Р	У	Р	Г	А	Ч	С	Е	Ц
У	Т	З	О	О	Л	О	Г	Н	Ф	Ґ	О	О	Т
У	Р	Д	Л	М	П	К	И	Н	Ж	О	Д	У	Х

ЛІКАР
АСТРОНАВТ
БІОЛОГ
ХІРУРГ
ДЕТЕКТИВ
ДОСЛІДНИК
ФОТОГРАФ
САДІВНИК
ІЛЮСТРАТОР
ІНЖЕНЕР
ЖУРНАЛІСТ
ВЧИТЕЛЬ
ЛІНГВІСТ
ХУДОЖНИК
ФІЛОСОФ
ПІЛОТ
СТОМАТОЛОГ
ЗООЛОГ

98 - Wetter

А	Т	В	Е	Т	К	І	Ф	Ю	П	С	Д	Т	Т
Т	Т	Е	І	Б	Є	Л	Д	Т	С	П	Ш	Р	О
М	Ж	А	М	Т	Г	В	І	Х	У	С	Х	О	Р
О	У	К	Б	П	Е	Є	Л	М	Л	Ч	У	П	Н
С	І	В	В	Ф	Е	Р	Г	И	А	Е	Ґ	І	А
Ф	Ш	А	Щ	Ф	Ф	Р	Ф	Р	Н	Т	Ь	Ч	Д
Е	Ю	К	Є	П	Е	Н	А	Г	А	Р	У	Н	О
Р	П	С	Щ	Л	Х	Л	К	Т	М	У	К	И	Т
А	З	И	Р	Б	К	Ю	Л	М	У	Б	Б	Й	А
Ю	І	Л	У	Г	Л	Т	Е	У	Т	Р	І	У	Ю
Н	Е	Б	О	Р	Б	Є	С	С	А	Р	А	М	Х
П	О	С	У	Х	А	О	Е	О	Т	К	Г	О	Є
Ю	Ш	У	А	Г	С	Щ	В	Н	Д	Щ	О	Ф	Г
П	О	Л	Я	Р	Н	И	Й	Ц	Ш	Ю	А	Є	Ж

АТМОСФЕРА
БЛИСКАВКА
БРИЗ
ГРИМ
ПОСУХА
ЛІД
НЕБО
УРАГАН
КЛІМАТ
МУСОН
ТУМАН
ПОЛЯРНИЙ
ВЕСЕЛКА
БУР
ТЕМПЕРАТУРА
ТОРНАДО
СУХІ
ТРОПІЧНИЙ
ВІТЕР
ХМАРА

99 - Chemie

Є	В	М	Я	Я	Е	Е	Г	Ф	Ь	Х	Т	Є	М
Я	Ь	Р	Д	О	Г	С	Р	Н	І	А	Е	Ш	О
Ф	І	У	Е	Б	Ж	А	К	Й	Ґ	Н	П	И	Л
В	Ш	Х	Р	І	Ф	Г	З	И	Ш	Т	Л	Я	Е
Я	Е	Й	Н	П	Е	А	У	Н	С	Н	О	У	К
М	Л	И	И	Е	Ф	В	Ь	Ж	Х	Е	Ь	Д	У
Р	Е	Н	Й	Л	Т	Ч	Я	У	Д	М	Н	Ц	Л
Е	К	Ч	Є	М	Ь	Б	Р	Л	С	Р	Е	Ь	А
А	Т	І	О	Н	О	Ц	Г	О	І	Е	Д	М	Н
К	Р	Н	С	Т	А	Ь	І	І	Л	Ф	О	М	И
Ц	О	А	Т	О	Л	С	И	К	Ь	Х	В	Ю	Д
І	Н	Г	Ц	Л	В	У	Г	Л	Е	Ц	Ь	І	І
Я	Ж	Р	О	Т	А	З	І	Л	А	Т	А	К	Р
М	Ю	О	Т	Е	М	П	Е	Р	А	Т	У	Р	А

ЛУЖНИЙ
ХЛОР
ЕЛЕКТРОН
ФЕРМЕНТ
РІДИНА
ГАЗ
ВАГА
ТЕПЛО
ІОН
КАТАЛІЗАТОР
ВУГЛЕЦЬ
МОЛЕКУЛА
ЯДЕРНИЙ
ОРГАНІЧНИЙ
РЕАКЦІЯ
СІЛЬ
КИСЕНЬ
КИСЛОТА
ТЕМПЕРАТУРА
ВОДЕНЬ

1 - Gesundheit und Wellness #2

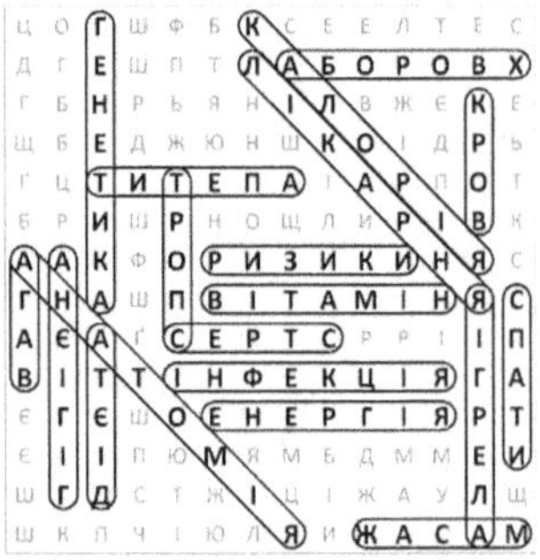

2 - Ozean

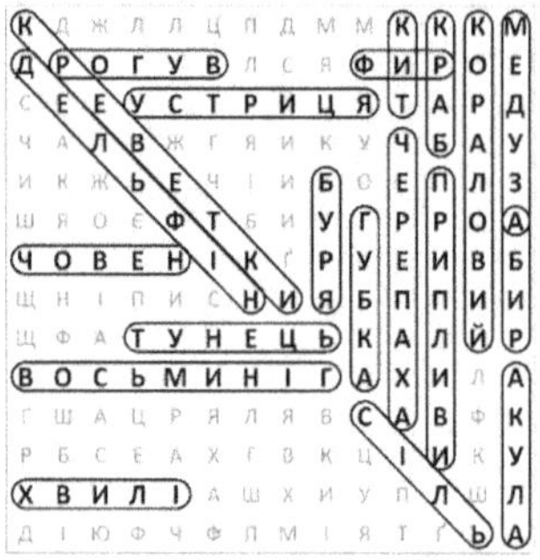

3 - Meditation

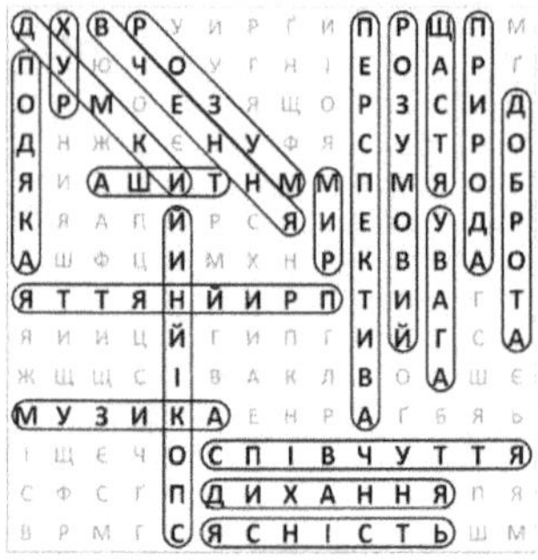

4 - Archäologie

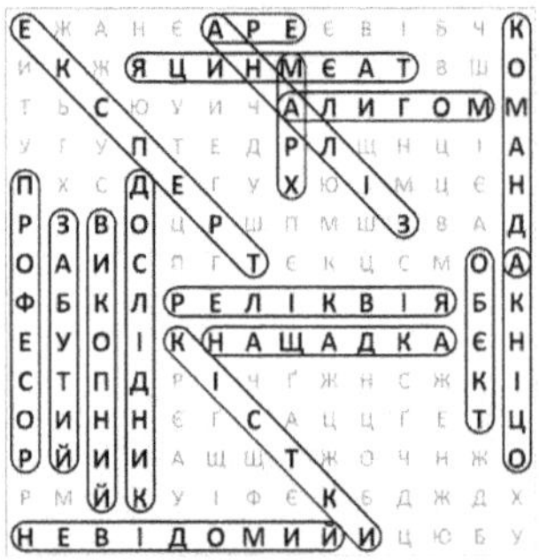

5 - Gesundheit und Wellness #1

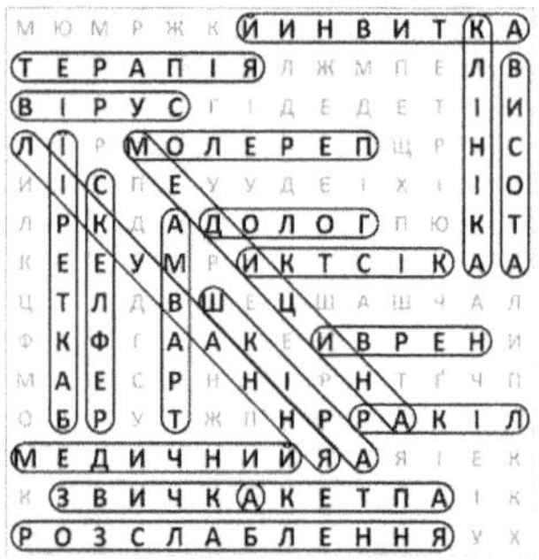

6 - Obst

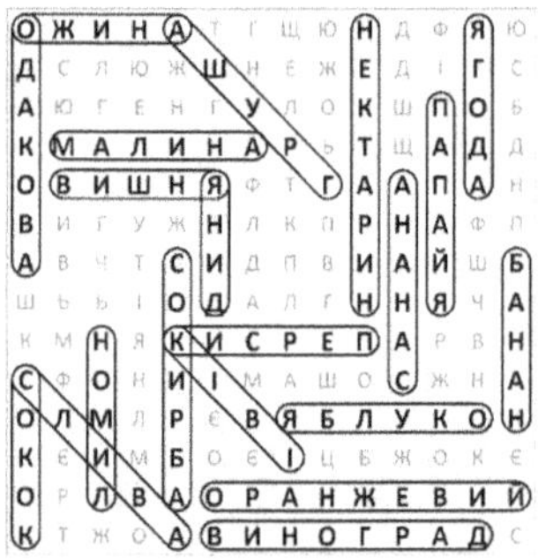

7 - Universum

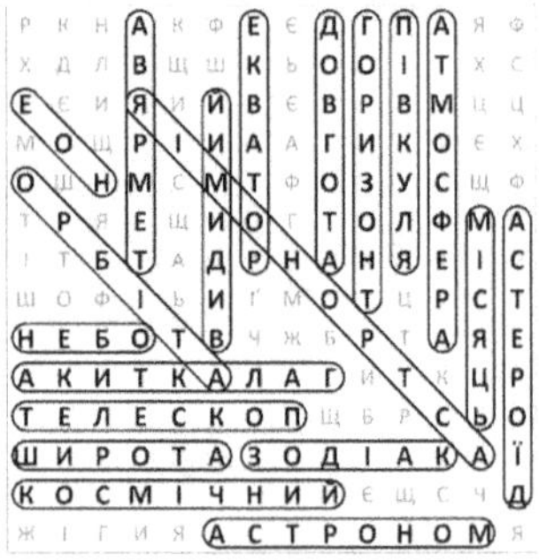

8 - Camping

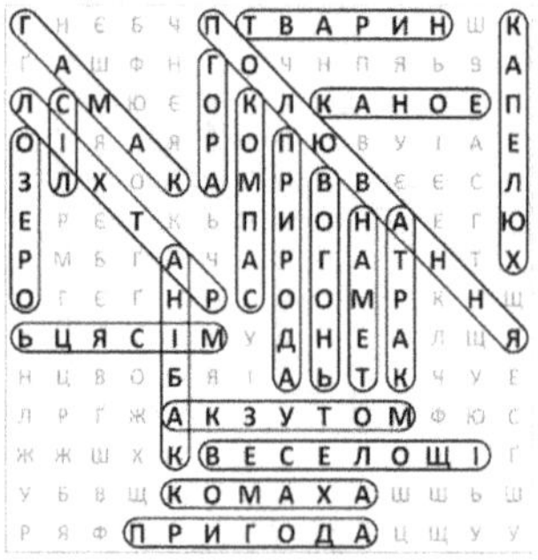

9 - Zeit

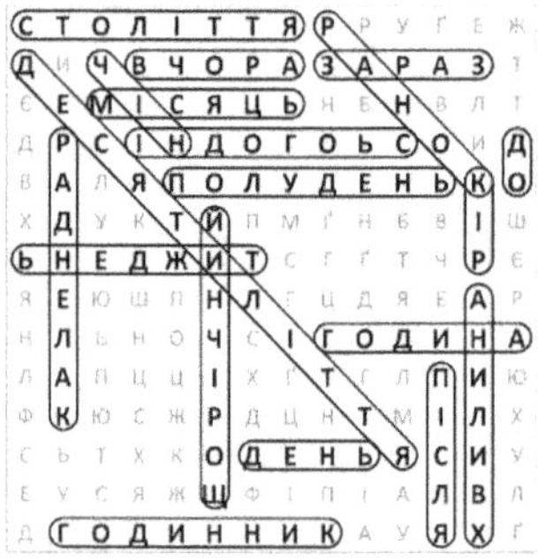

10 - Säugetiere

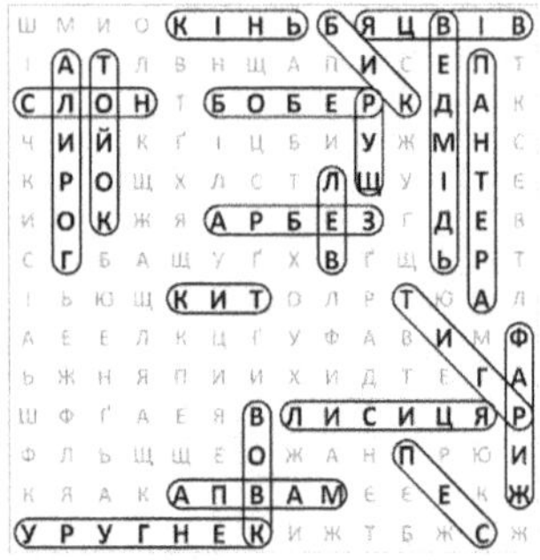

11 - Algebra

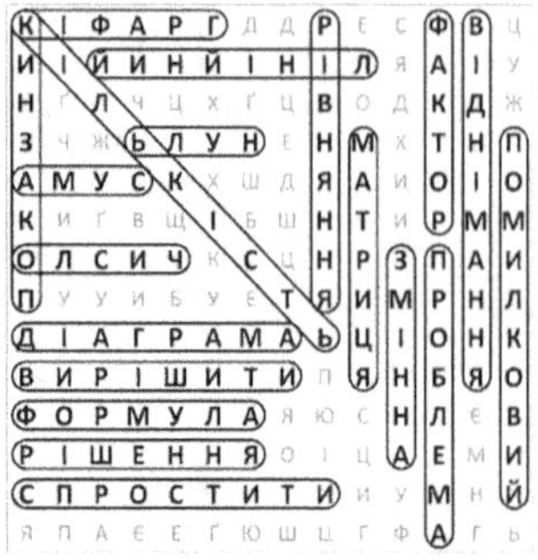

12 - Philanthropie

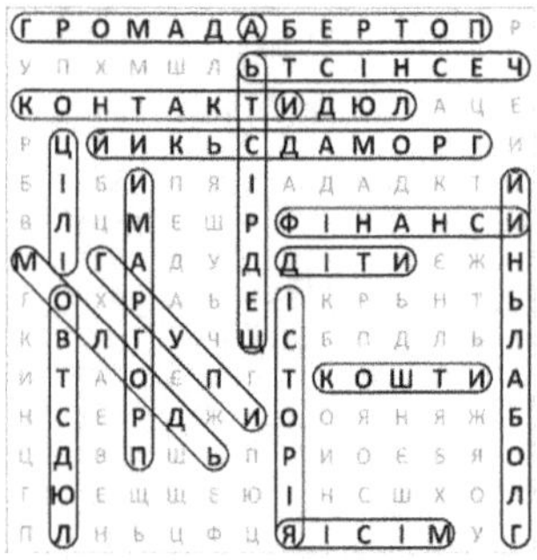

13 - Diplomatie

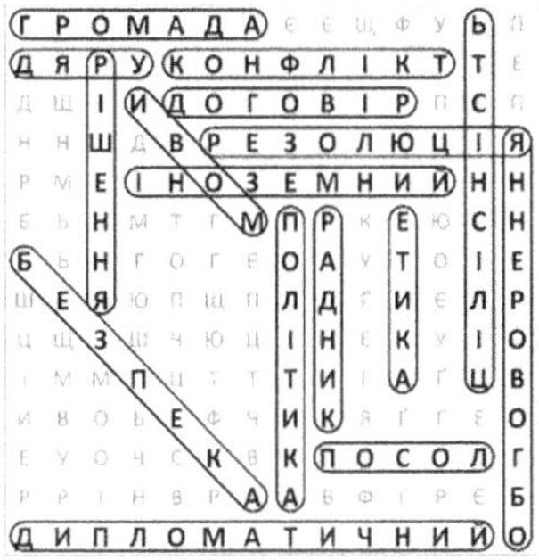

14 - Astronomie

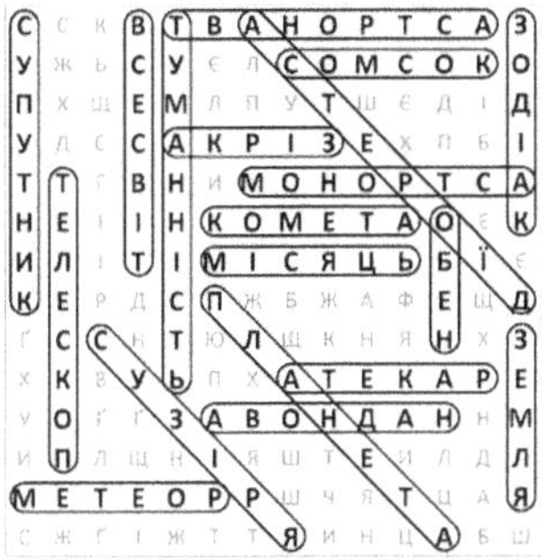

15 - Ballett

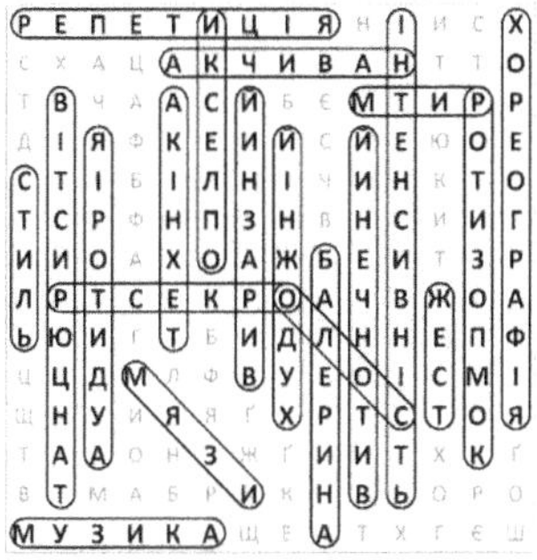

16 - Strand

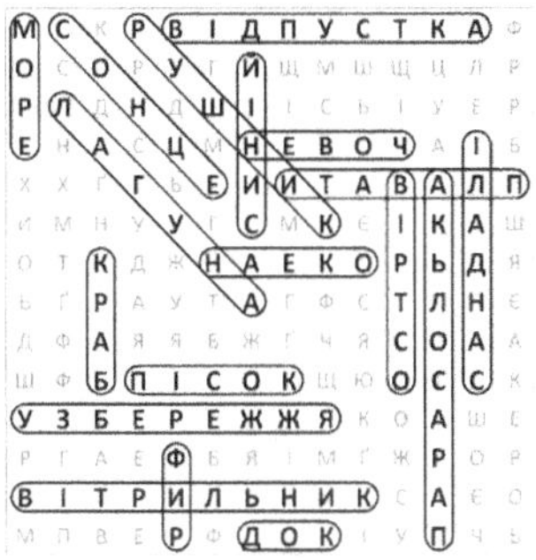

17 - Geologie

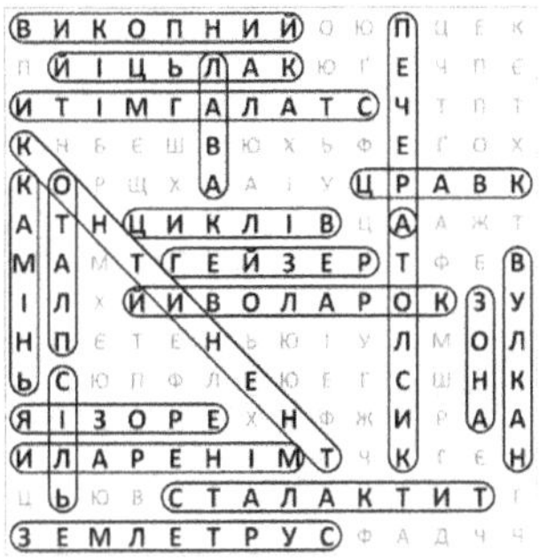

18 - Wissenschaft

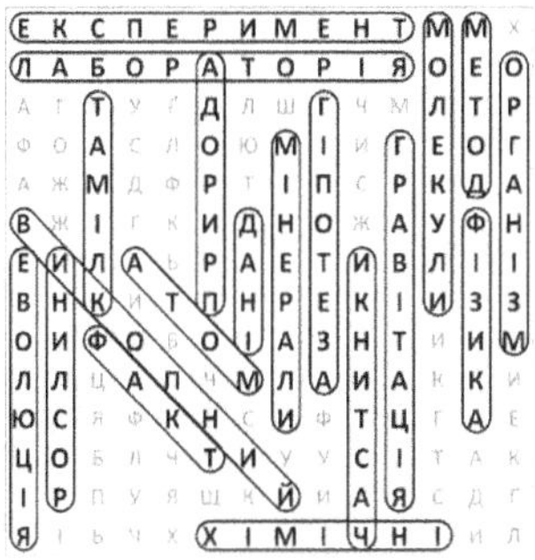

19 - Bildende Kunst

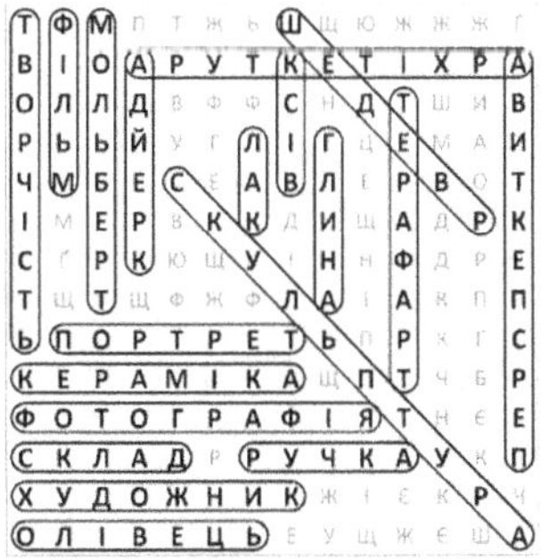

20 - Sport

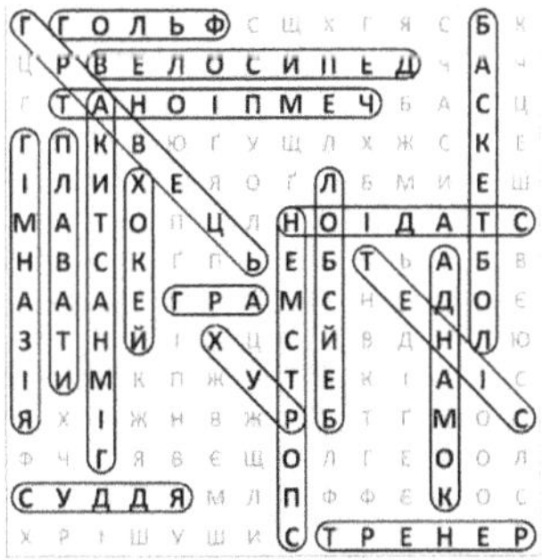

21 - Mythologie

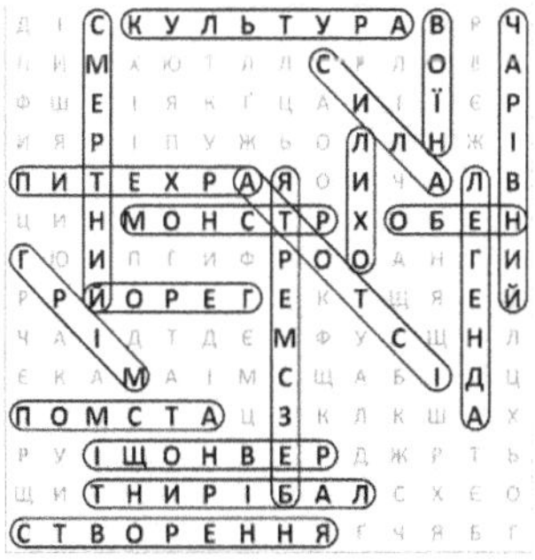

22 - Restaurant #2

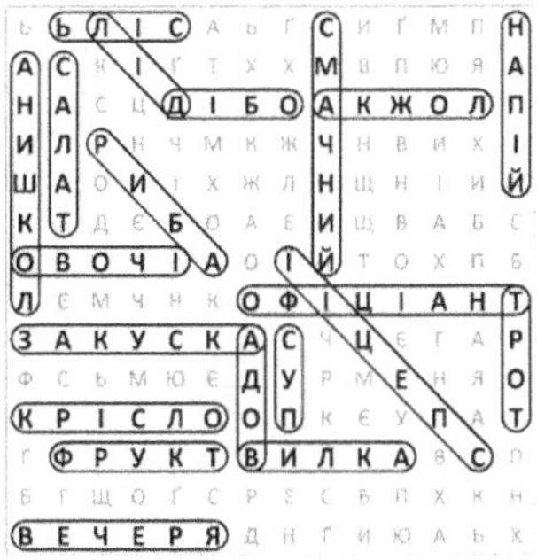

23 - Schokolade

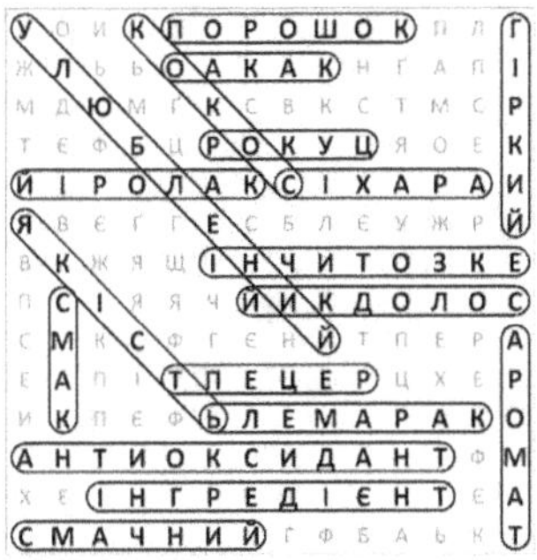

24 - Boote

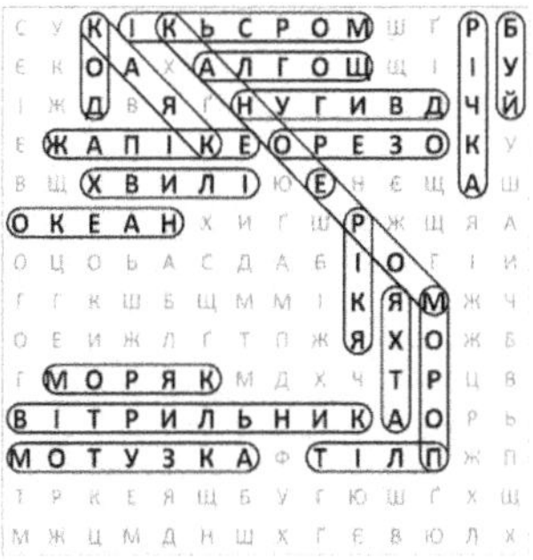

25 - Stadt

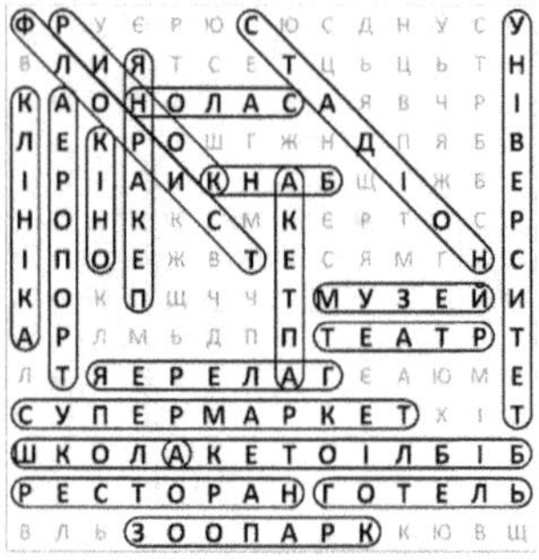

26 - Aktivitäten

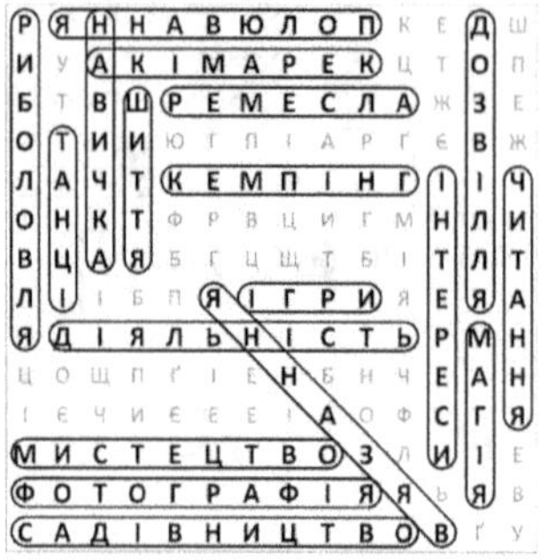

27 - Bienen

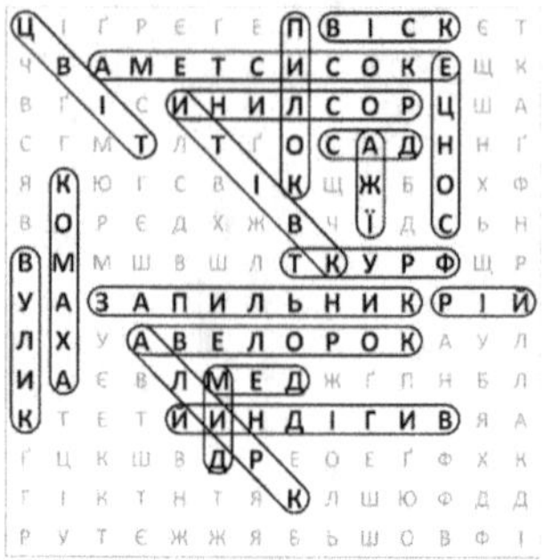

28 - Wissenschaftliche

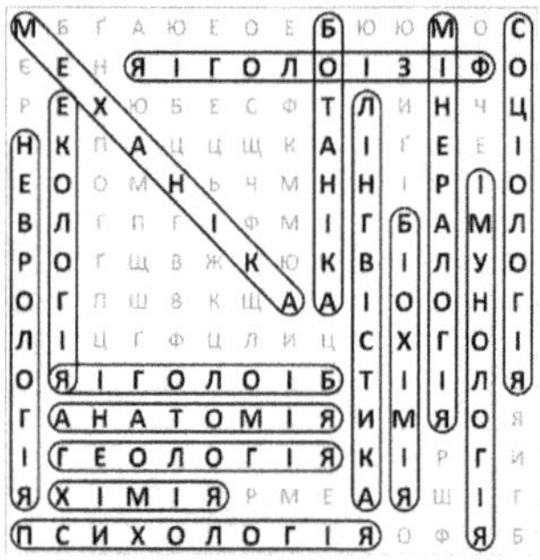

29 - Vögel

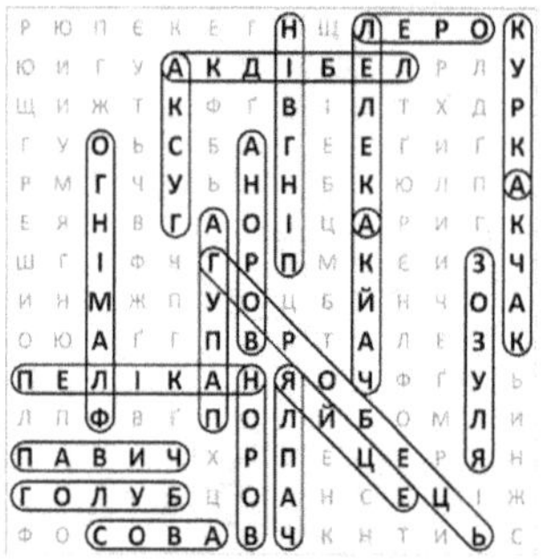

30 - Elektrizität

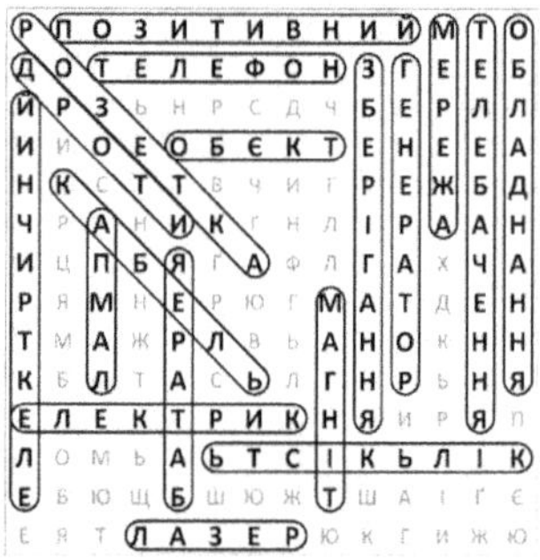

31 - Garten

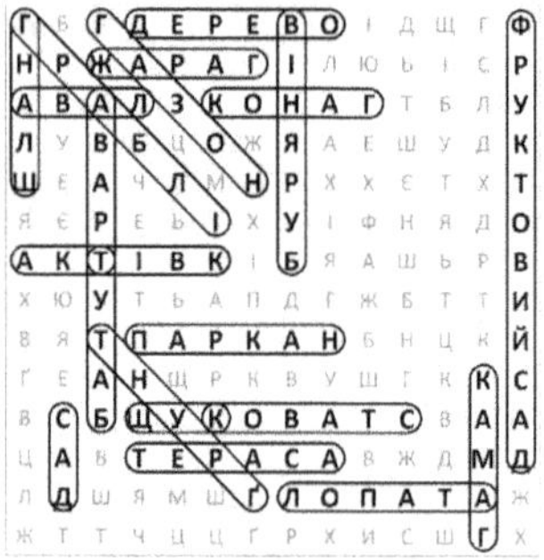

32 - Antarktis

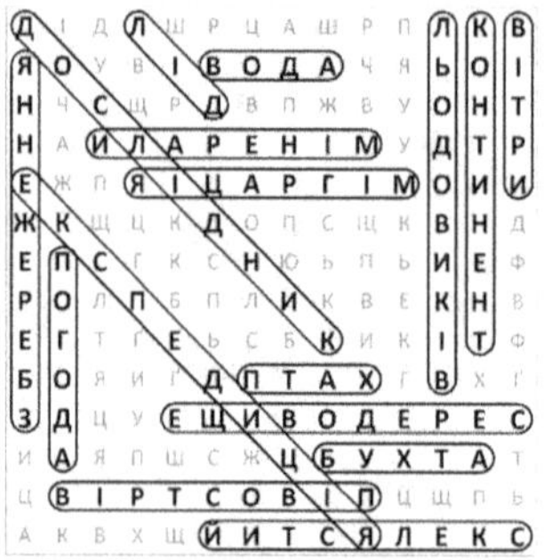

33 - Fahren

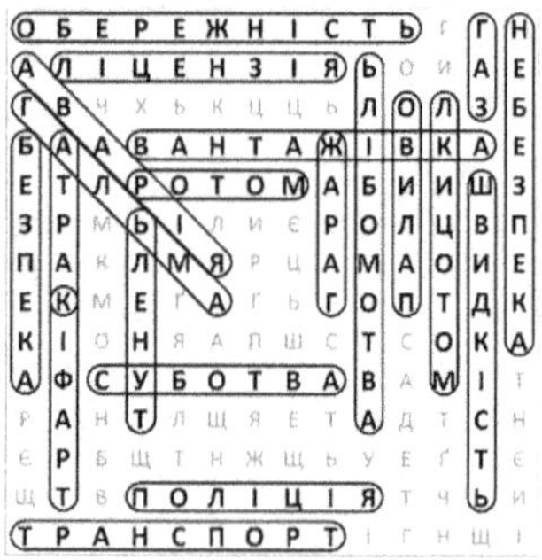

34 - Physik

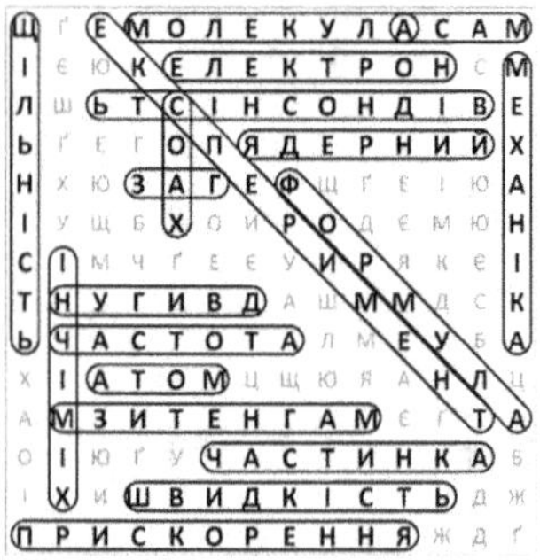

35 - Bücher

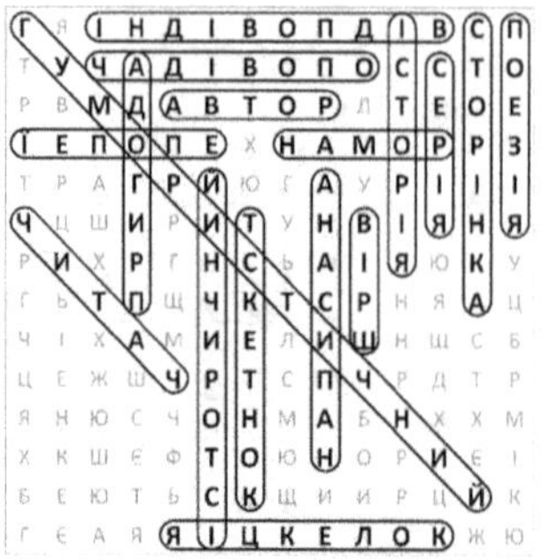

36 - Menschlicher Körper

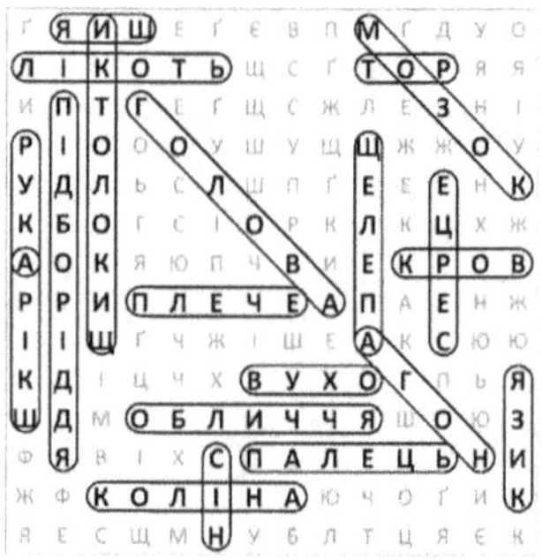

37 - Landschaften

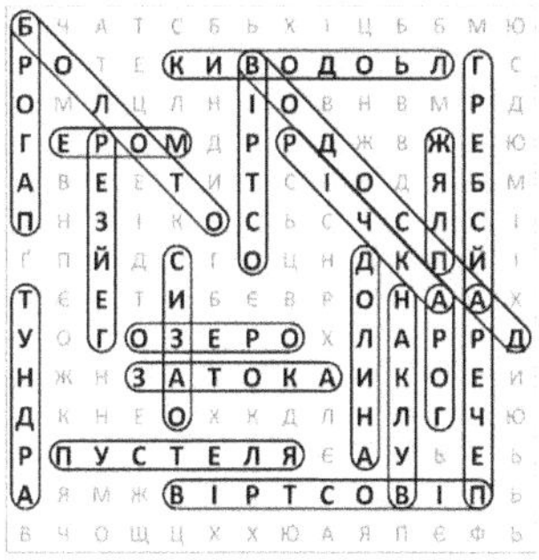

38 - Abenteuer

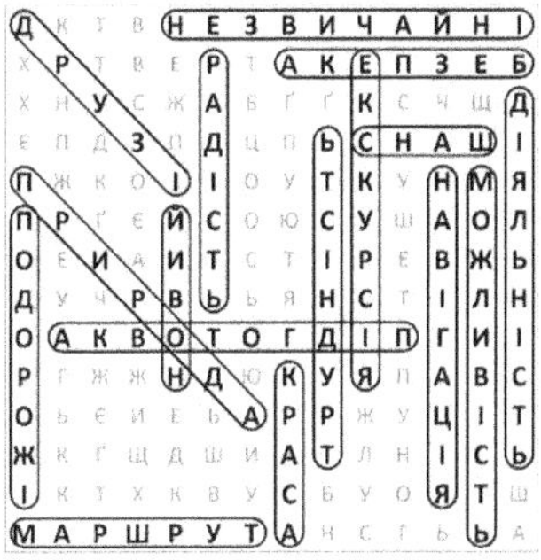

39 - Flugzeuge

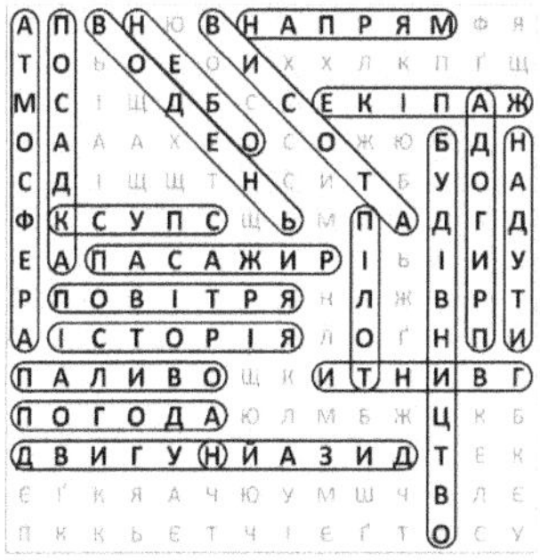

40 - Haartypen

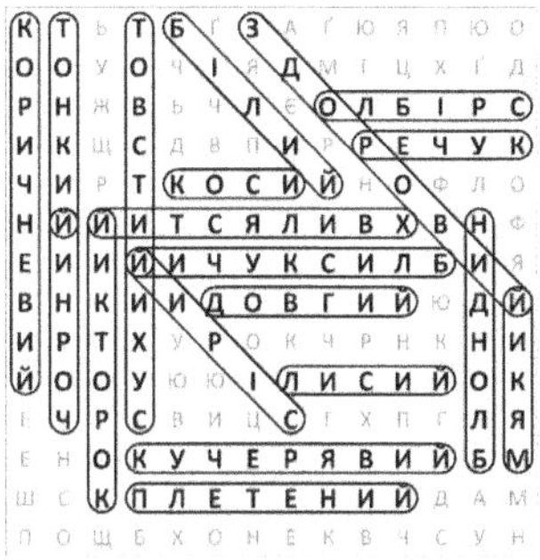

41 - Essen #1

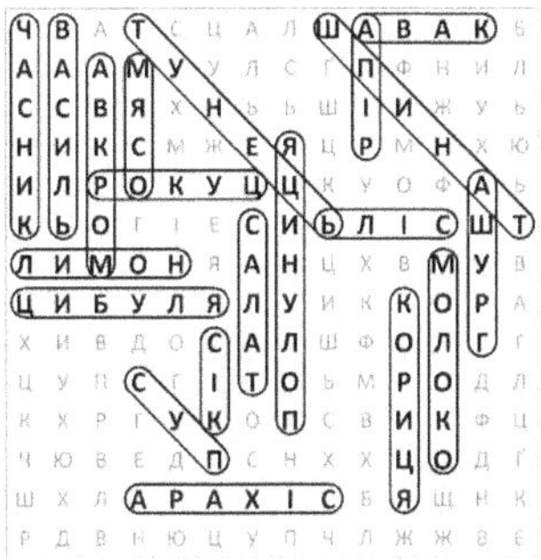

42 - Gebäude

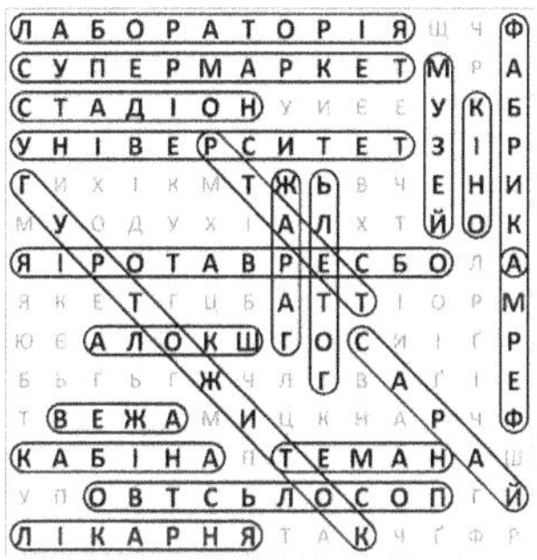

43 - Mode

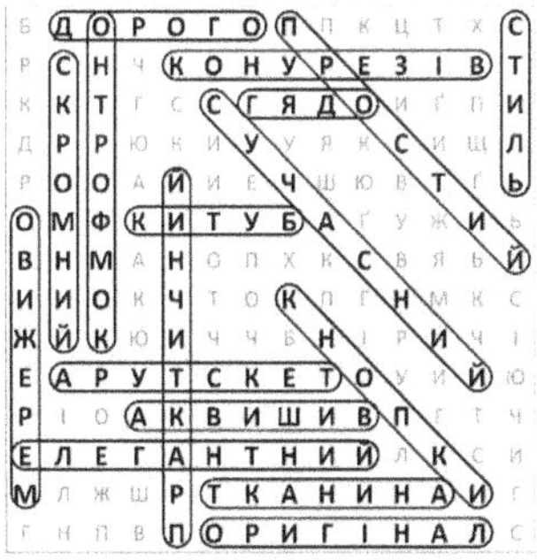

44 - Angeln

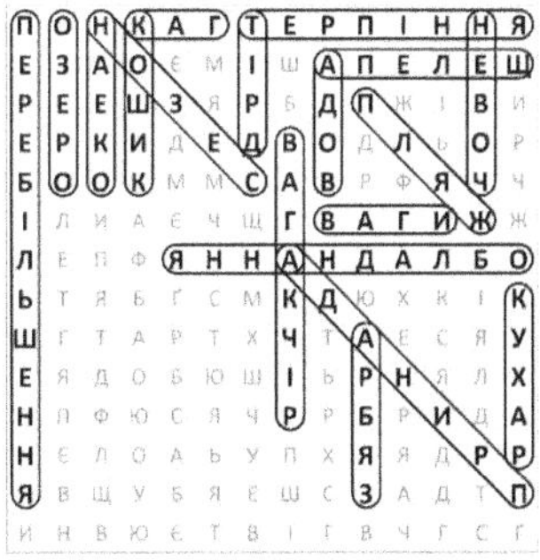

45 - Essen #2

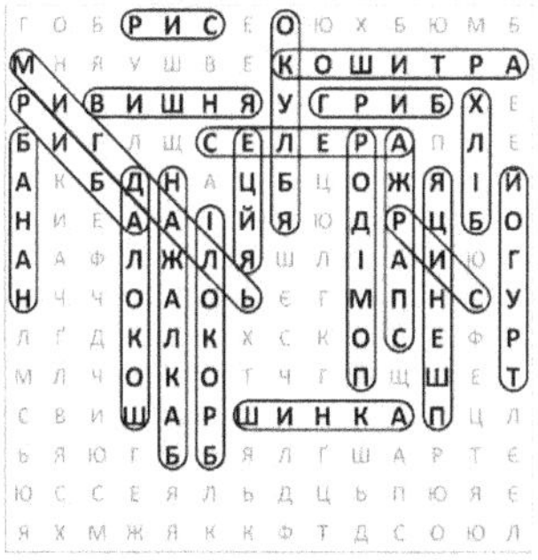

46 - Energie

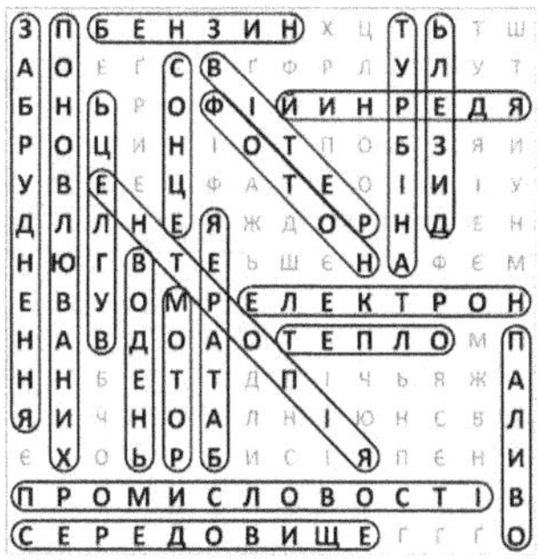

47 - Familie

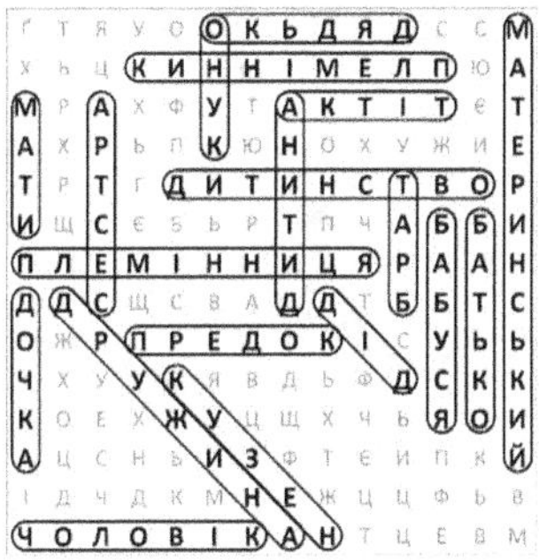

48 - Pflanzen

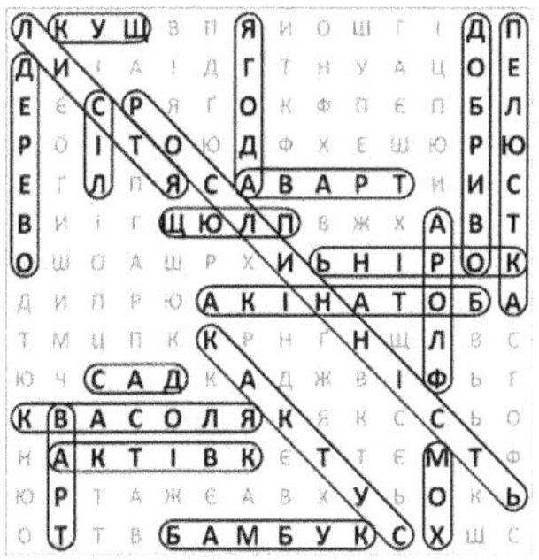

49 - Kunst

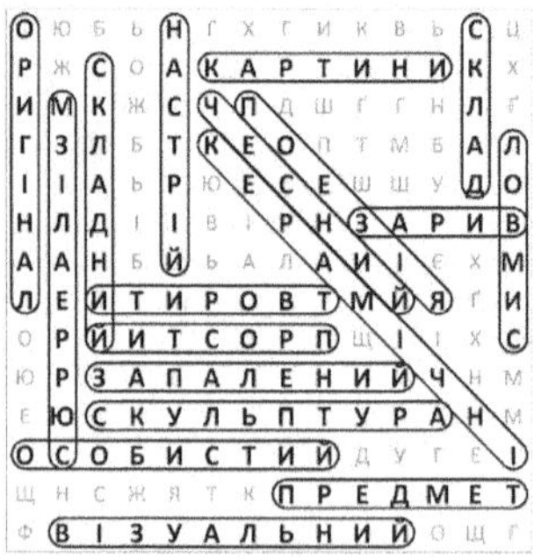

50 - Gewürze

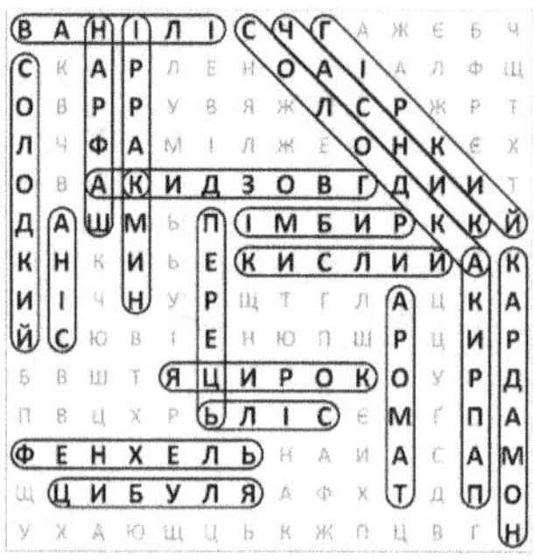

51 - Kreativität

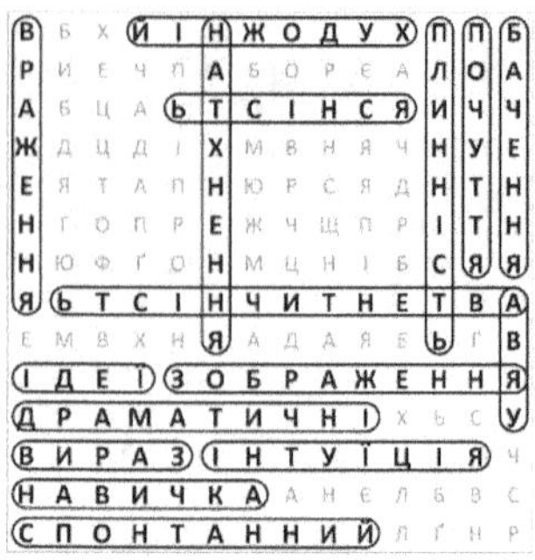

52 - Geschäft

53 - Ingenieurwesen

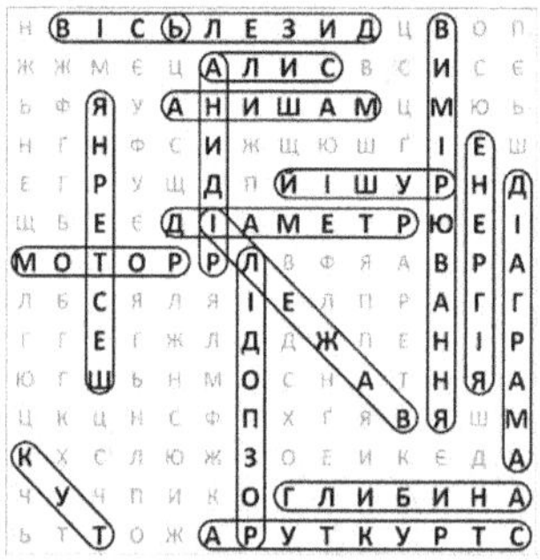

54 - Gemüse

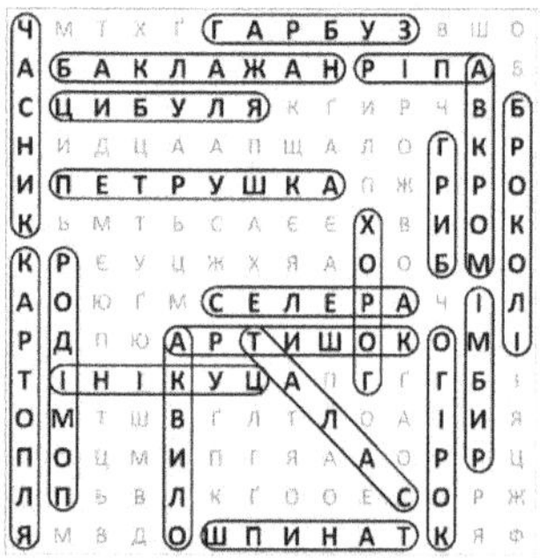

55 - Schönheit

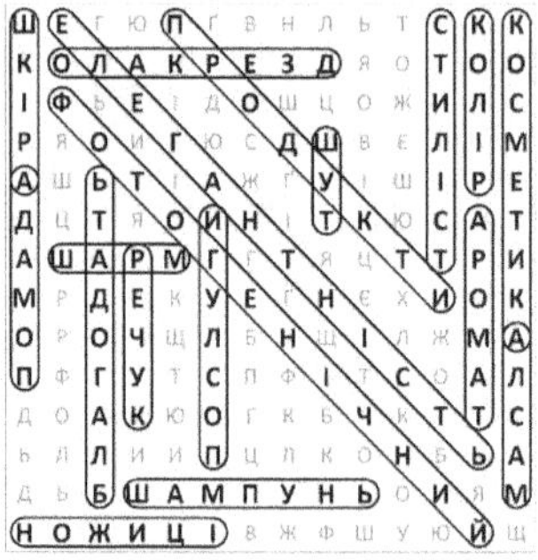

56 - Tanzen

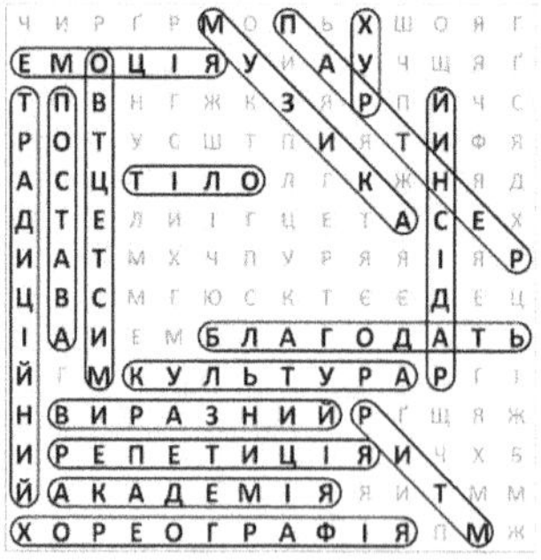

57 - Ernährung

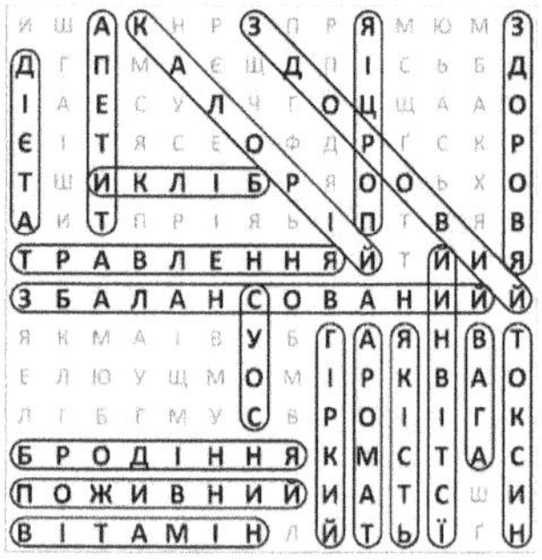

58 - Länder #1

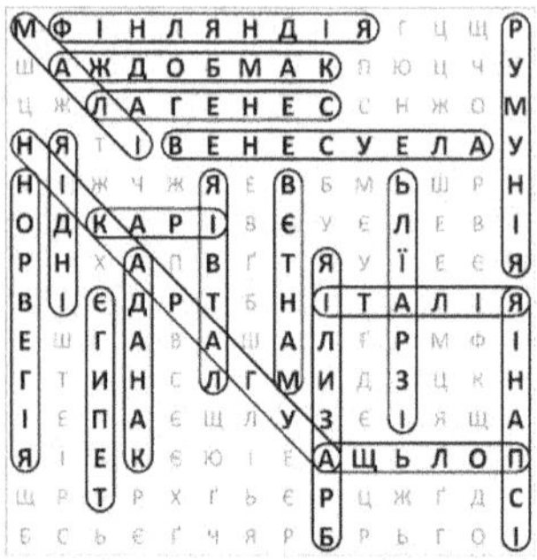

59 - Technologie

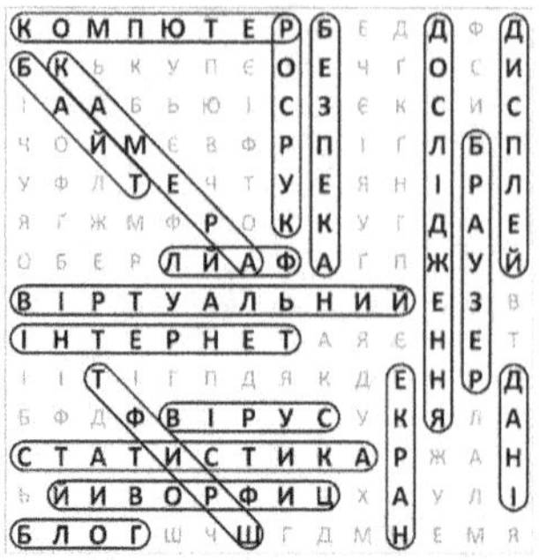

60 - Wasser

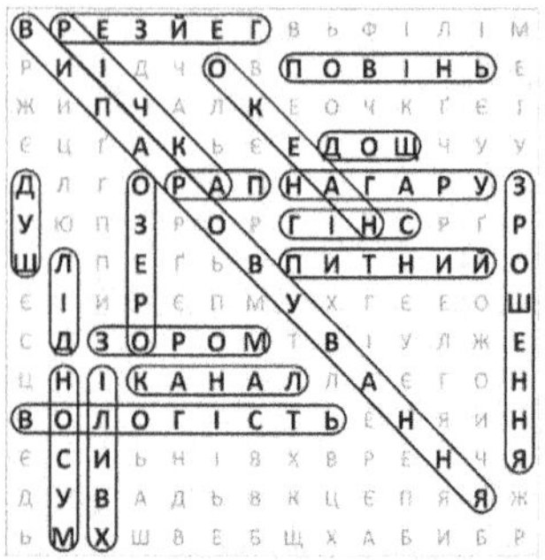

61 - Science Fiction

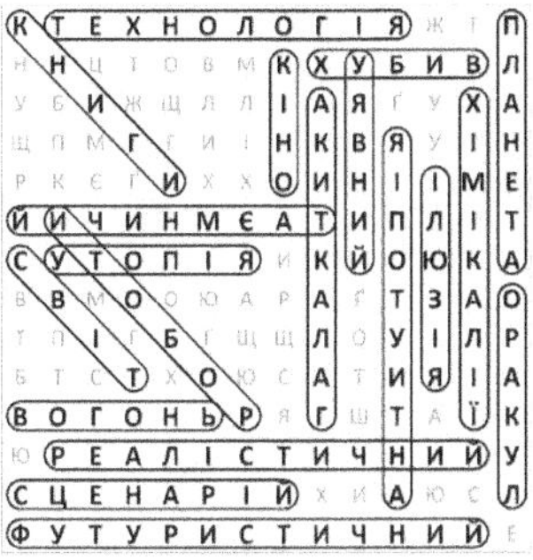

62 - Haustiere

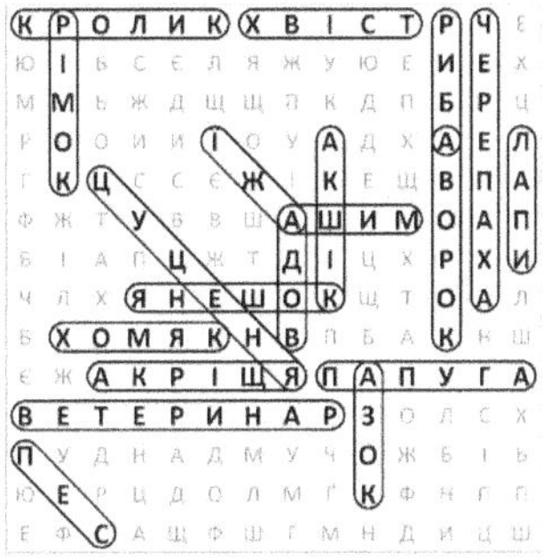

63 - Literatur

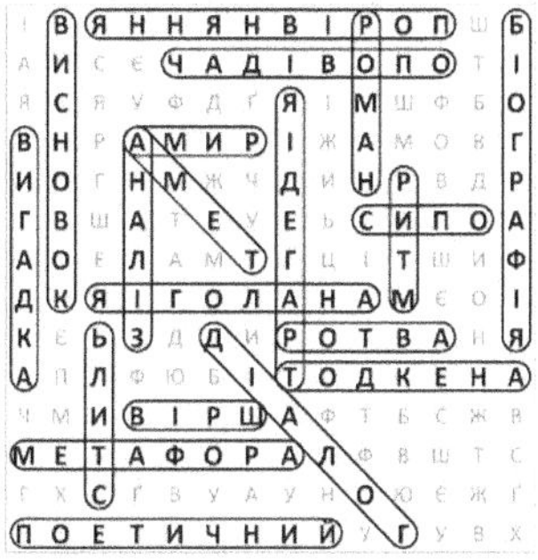

64 - Wandern

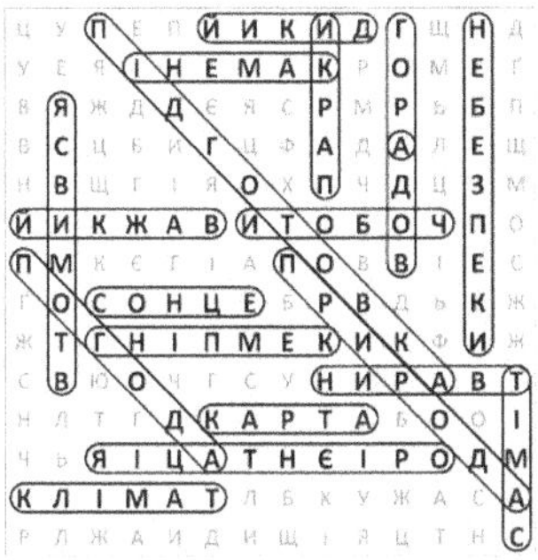

65 - Länder #2

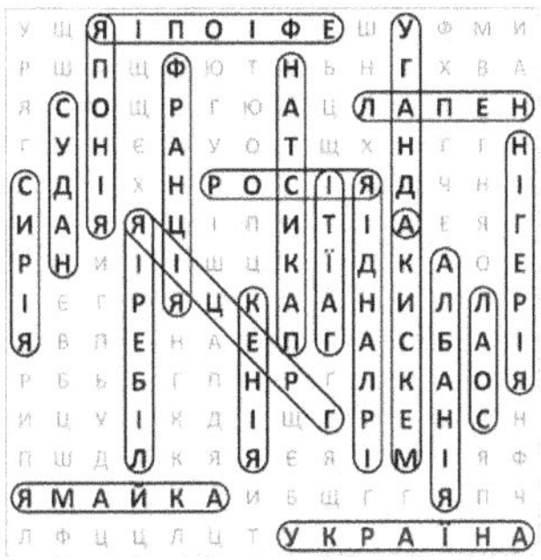

66 - Fahrzeuge

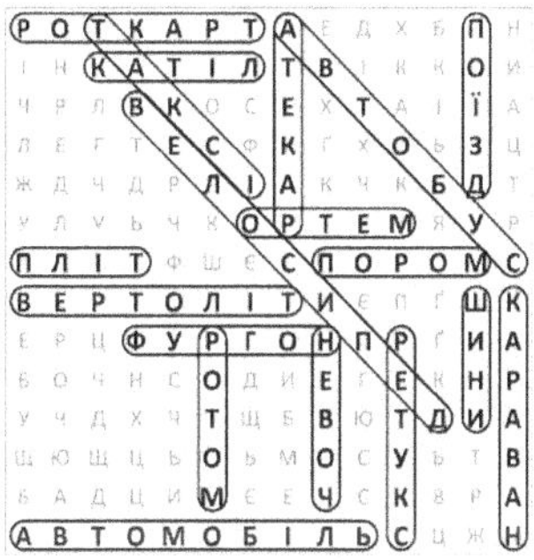

67 - Musikinstrumente

68 - Blumen

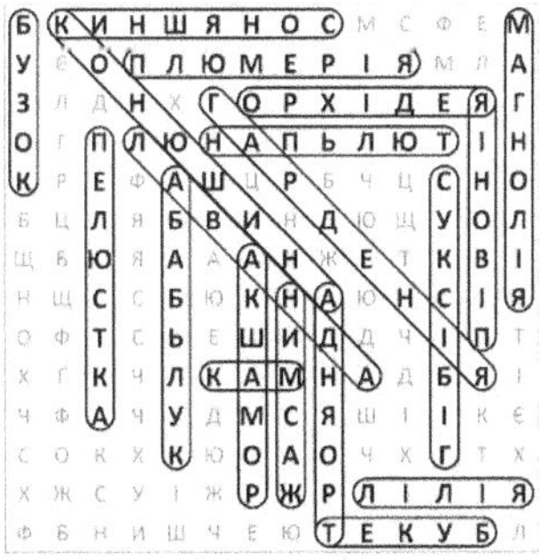

69 - Natur

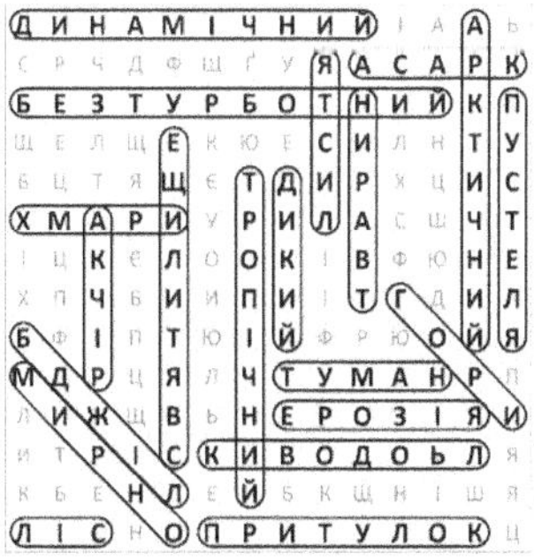

70 - Urlaub #2

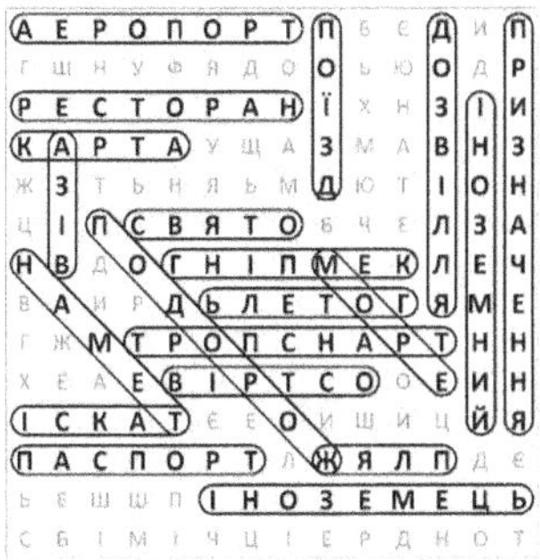

71 - Zirkus

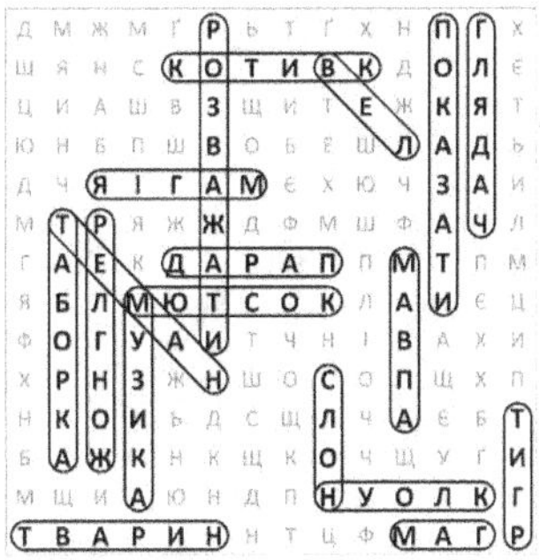

72 - Barbecues

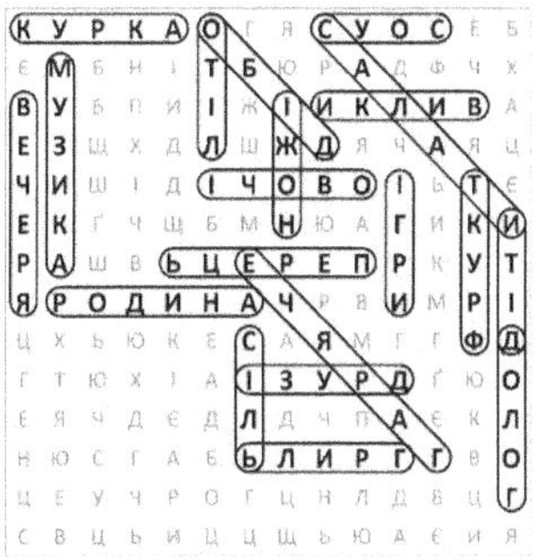

73 - Geographie

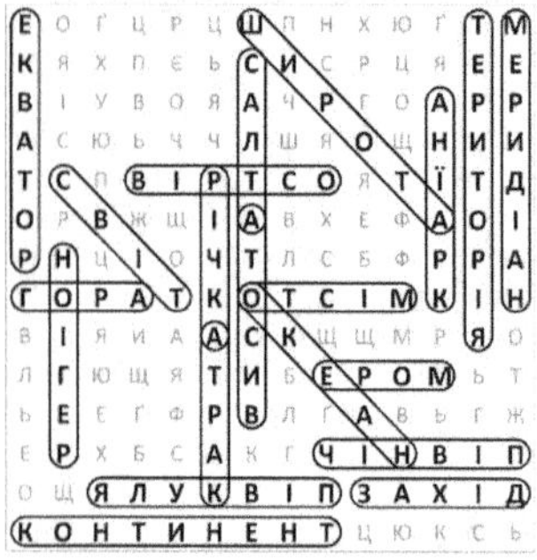

74 - Zahlen

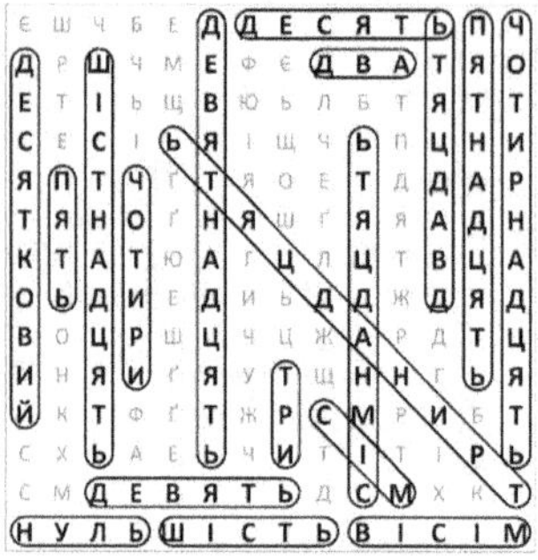

75 - Tage und Monate

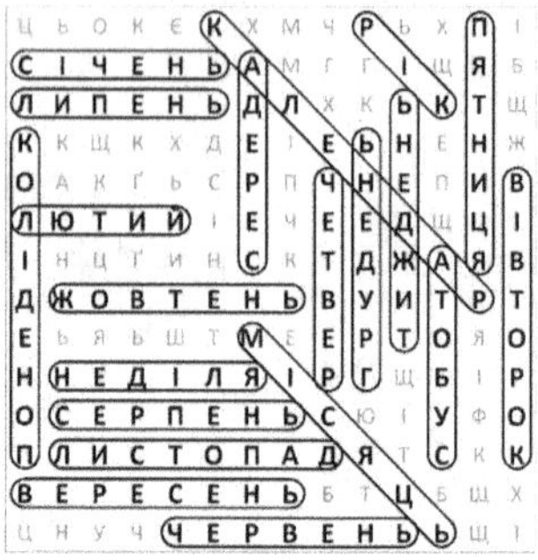

76 - Das Unternehmen

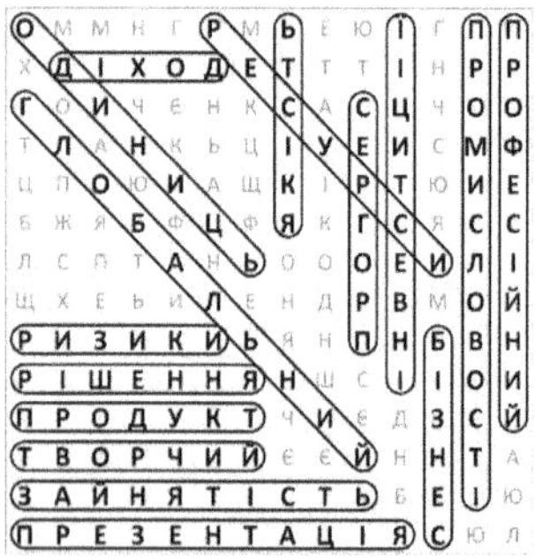

77 - Kräuterkunde

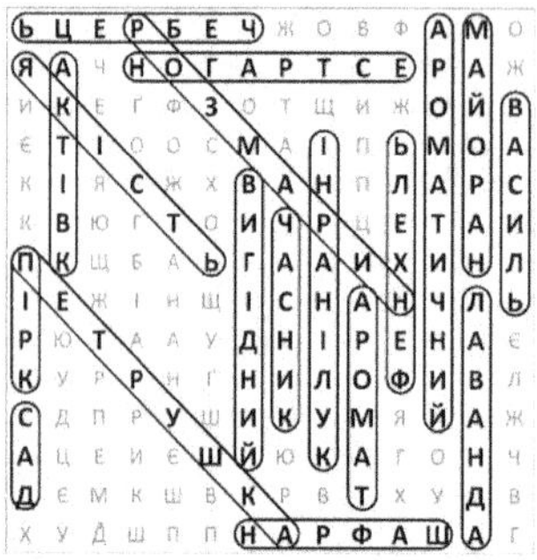

78 - Formen

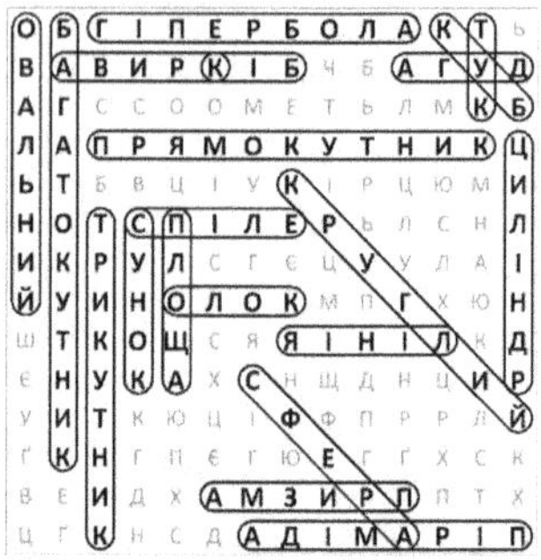

79 - Musik

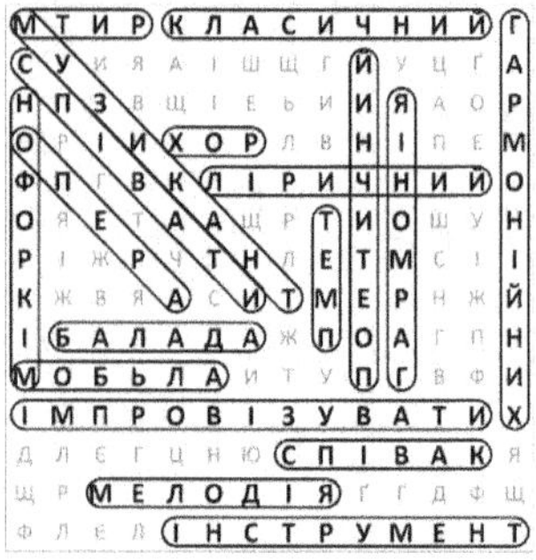

80 - Antiquitäten

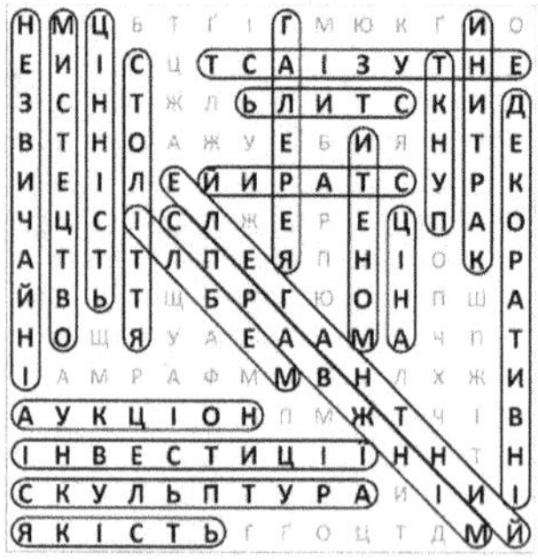

81 - Adjektive #2

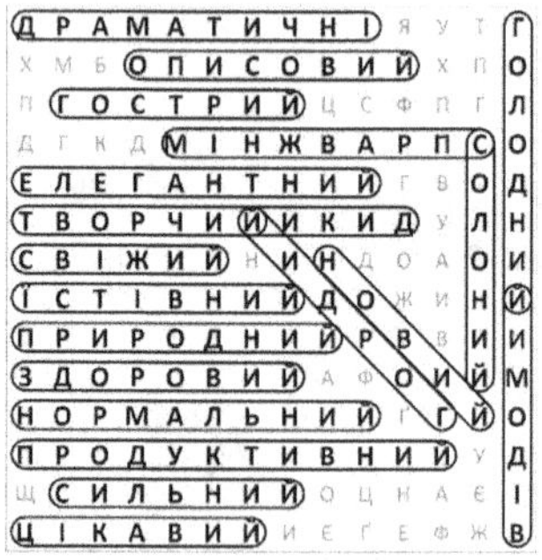

82 - Kleidung

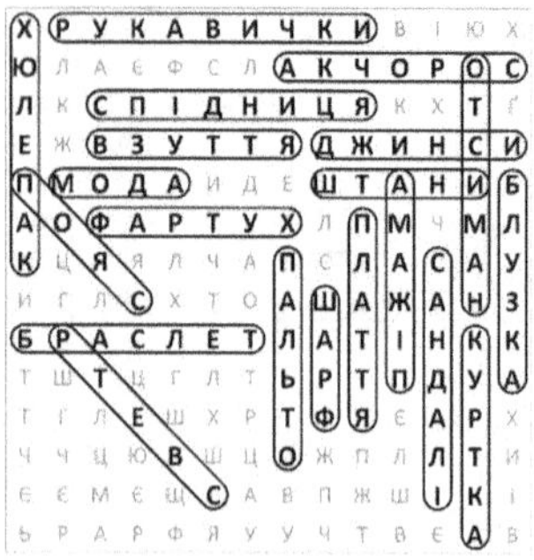

83 - Farben

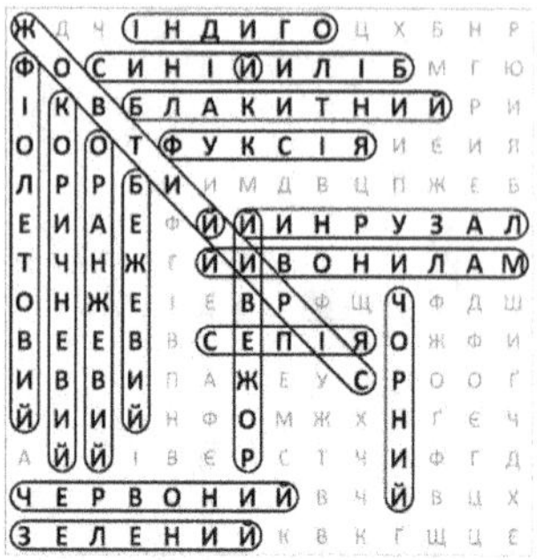

84 - Haus

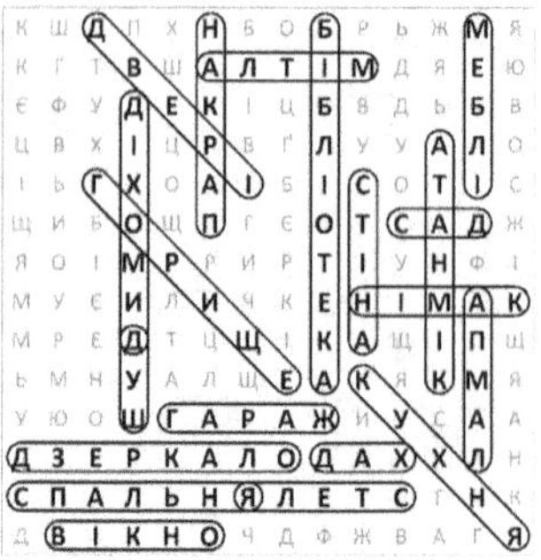

85 - Bauernhof #1

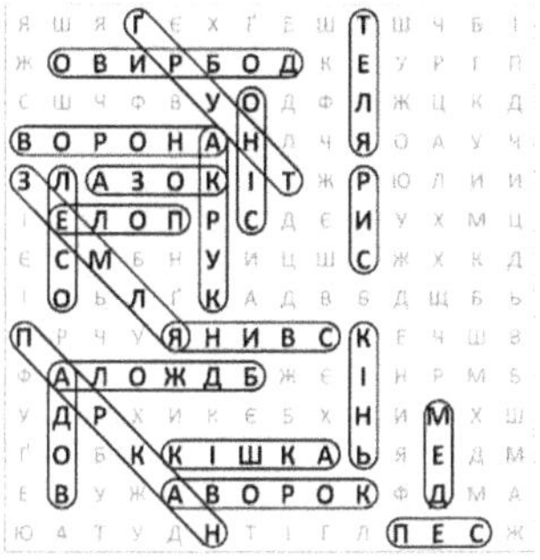

86 - Regierung

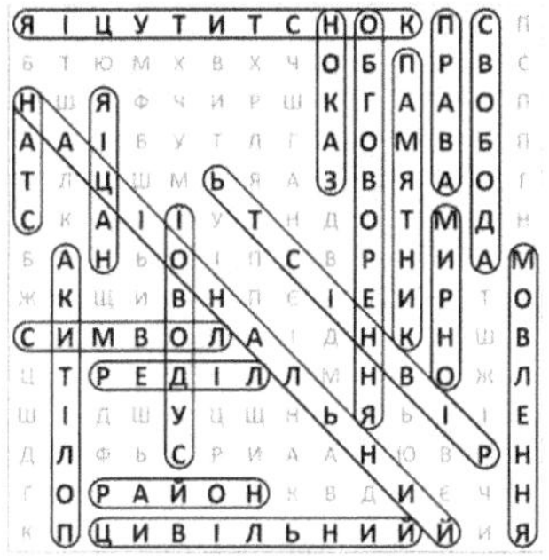

87 - Berufe #1

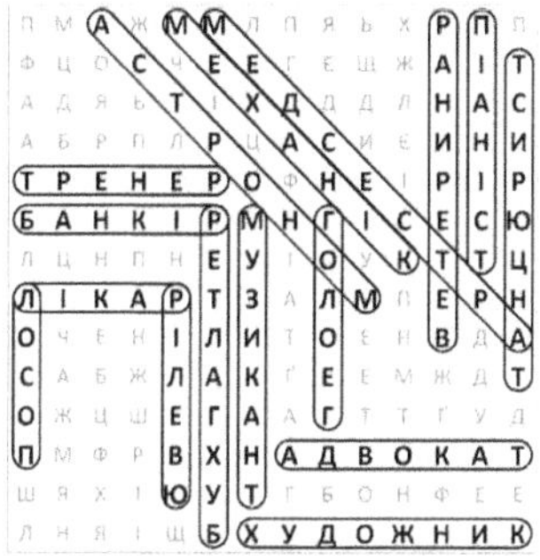

88 - Adjektive #1

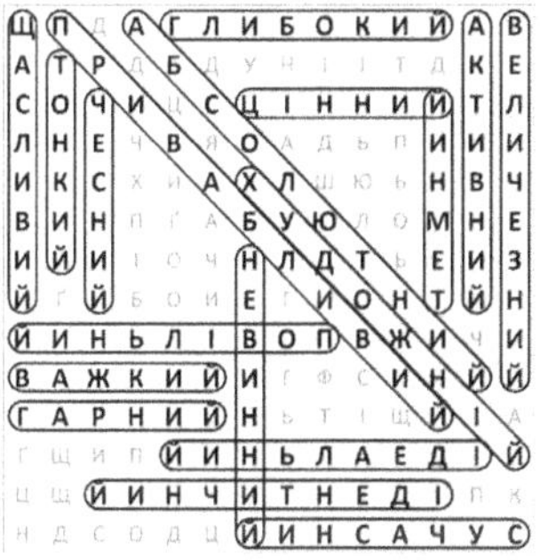

89 - Geometrie

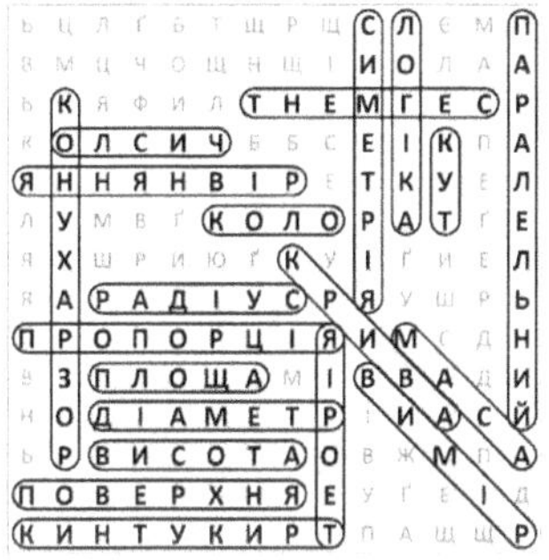

90 - Jazz

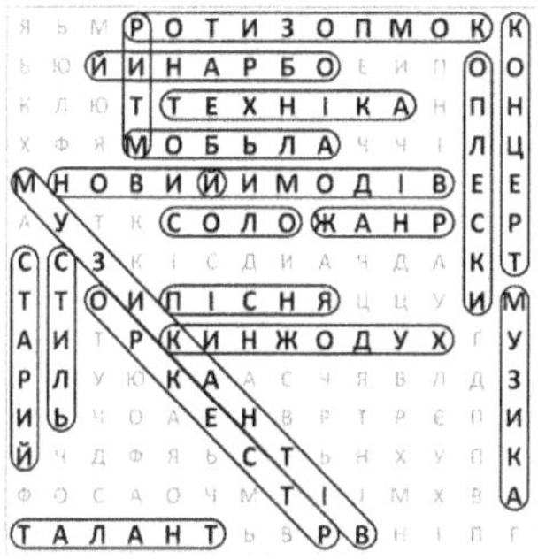

91 - Mathematik

92 - Messungen

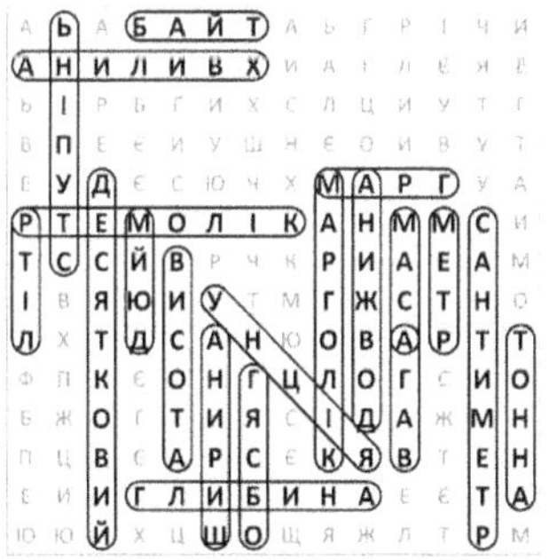

93 - Boxen

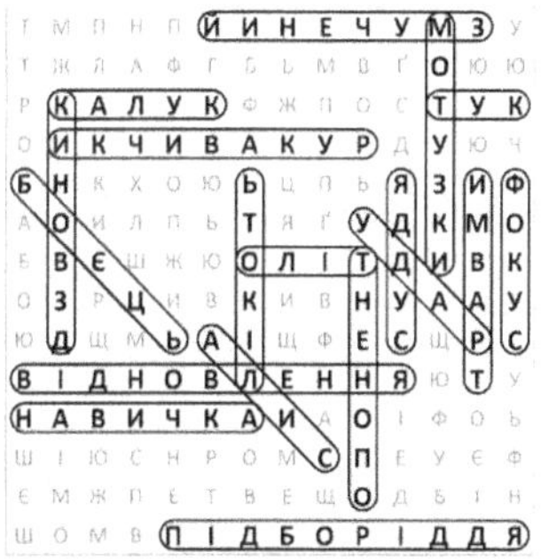

94 - Psychologie

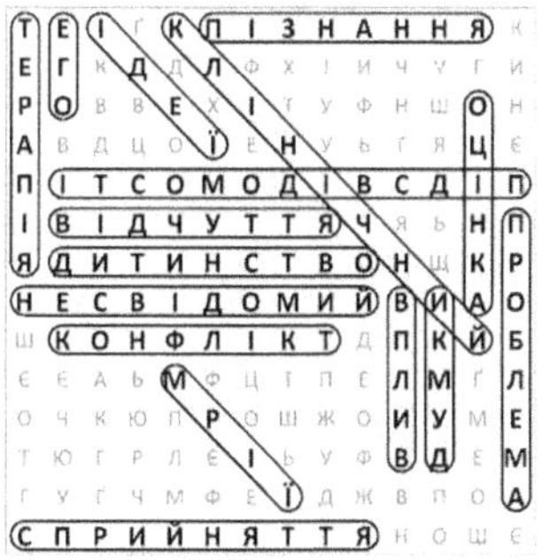

95 - Bauernhof #2

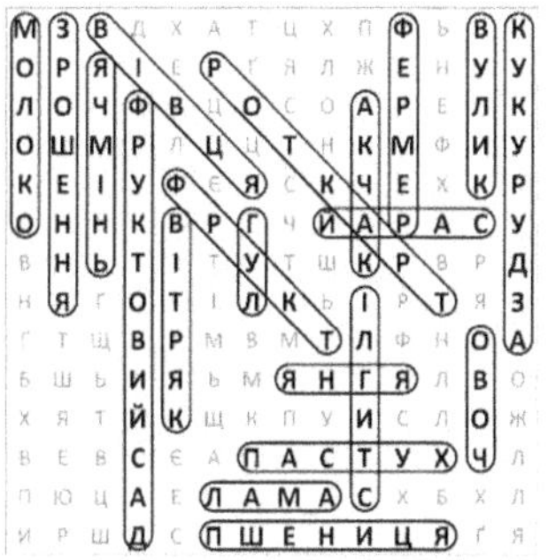

96 - Gartenarbeit

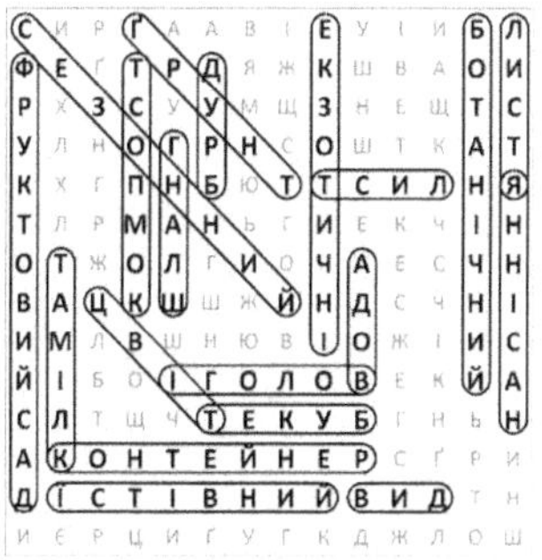

97 - Berufe #2

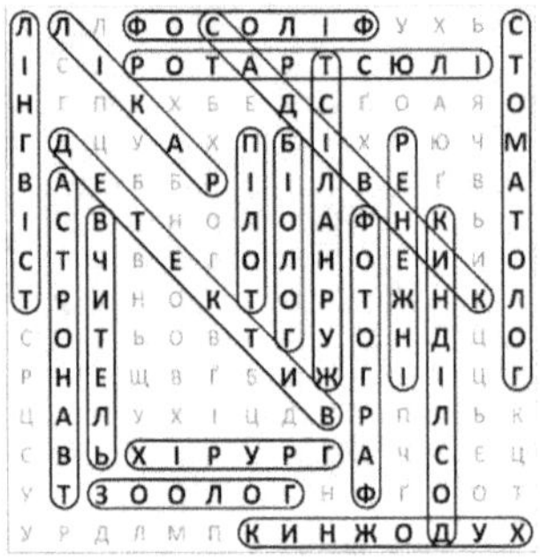

98 - Wetter

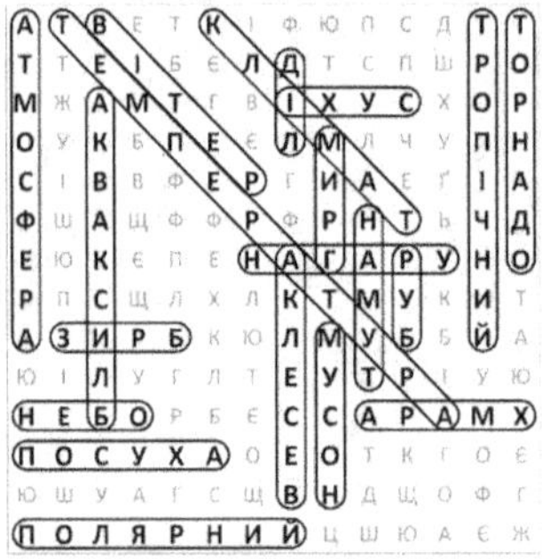

99 - Chemie

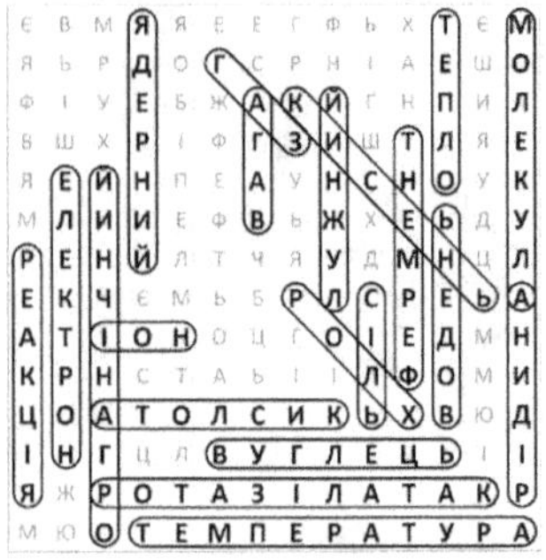

Wörterbuch

Abenteuer
Пригоди

Aktivität	Діяльність
Ausflug	Екскурсія
Begeisterung	Ентузіазм
Chance	Шанс
Freude	Радість
Freunde	Друзі
Gefährlich	Небезпечний
Gelegenheit	Можливість
Natur	Природа
Navigation	Навігація
Neu	Новий
Reisen	Подорожі
Route	Маршрут
Schönheit	Краса
Schwierigkeit	Трудність
Sicherheit	Безпека
Tapferkeit	Хоробрість
Ungewöhnlich	Незвичайні
Vorbereitung	Підготовка
Ziel	Призначення

Adjektive #1
Прикметники #1

Absolut	Абсолютний
Aktiv	Активний
Aromatisch	Ароматичний
Attraktiv	Привабливий
Dunkel	Темний
Dünn	Тонкий
Ehrlich	Чесний
Glücklich	Щасливий
Identisch	Ідентичний
Künstlerisch	Художній
Langsam	Повільний
Modern	Сучасний
Perfekt	Ідеальний
Riesig	Величезний
Schön	Гарний
Schwer	Важкий
Tief	Глибокий
Unschuldig	Невинний
Wertvoll	Цінний
Wichtig	Важливий

Adjektive #2
Прикметники #2

Authentisch	Справжнім
Berühmt	Відомий
Beschreibend	Описовий
Dramatisch	Драматичні
Elegant	Елегантний
Essbar	Їстівний
Frisch	Свіжий
Gesund	Здоровий
Hungrig	Голодний
Interessant	Цікавий
Kreativ	Творчий
Natürlich	Природний
Neu	Новий
Normal	Нормальний
Produktiv	Продуктивний
Salzig	Солоний
Stark	Сильний
Stolz	Гордий
Wild	Дикий
Würzig	Гострий

Aktivitäten
Види Діяльності

Aktivität	Діяльність
Angeln	Риболовля
Camping	Кемпінг
Entspannung	Розслаблення
Fähigkeit	Навичка
Fotografie	Фотографія
Freizeit	Дозвілля
Gartenarbeit	Садівництво
Interessen	Інтереси
Jagd	Полювання
Keramik	Кераміка
Kunst	Мистецтво
Kunsthandwerk	Ремесла
Lesen	Читання
Magie	Магія
Nähen	Шиття
Spiele	Ігри
Stricken	В'Язання
Tanzen	Танці
Vergnügen	Задоволення

Algebra
Алгебра

Diagramm	Діаграма
Exponent	Показник
Faktor	Фактор
Falsch	Помилковий
Formel	Формула
Gleichung	Рівняння
Graph	Графік
Linear	Лінійний
Lösen	Вирішити
Lösung	Рішення
Matrix	Матриця
Menge	Кількість
Null	Нуль
Nummer	Число
Problem	Проблема
Subtraktion	Віднімання
Summe	Сума
Unendlich	Нескінченний
Variable	Змінна
Vereinfachen	Спростити

Angeln
Риболовля

Ausrüstung	Обладнання
Boot	Човен
Draht	Дріт
Fluss	Річка
Geduld	Терпіння
Gewicht	Вага
Haken	Гак
Jahreszeit	Сезон
Kiefer	Щелепа
Kiemen	Зябра
Kochen	Кухар
Korb	Кошик
Köder	Принада
Ozean	Океан
See	Озеро
Strand	Пляж
Übertreibung	Перебільшення
Waage	Ваги
Wasser	Вода

Antarktis
Антарктида

Bucht	Бухта
Eis	Лід
Erhaltung	Збереження
Expedition	Експедиція
Felsig	Скелястий
Forscher	Дослідник
Geographie	Географія
Gletscher	Льодовиків
Halbinsel	Півострів
Kontinent	Континент
Migration	Міграція
Mineralien	Мінерали
Temperatur	Температура
Topographie	Топографія
Umwelt	Середовище
Vögel	Птах
Wasser	Вода
Wetter	Погода
Wind	Вітри
Wissenschaftlich	Науковий

Antiquitäten
Антикваріат

Alt	Старий
Artikel	Пункт
Authentisch	Справжнім
Dekorativ	Декоративні
Elegant	Елегантний
Enthusiast	Ентузіаст
Galerie	Галерея
Gemälde	Картини
Investition	Інвестиції
Jahrhundert	Століття
Kunst	Мистецтво
Möbel	Меблі
Münzen	Монети
Preis	Ціна
Qualität	Якість
Skulptur	Скульптура
Stil	Стиль
Ungewöhnlich	Незвичайні
Versteigerung	Аукціон
Wert	Цінність

Archäologie
Археологія

Analyse	Аналіз
Auswertung	Оцінка
Ära	Ера
Experte	Експерт
Forscher	Дослідник
Fossil	Викопний
Geheimnis	Таємниця
Grab	Могила
Knochen	Кістки
Mannschaft	Команда
Nachkomme	Нащадка
Objekte	Об'Єкт
Professor	Професор
Relikt	Реліквія
Tempel	Храм
Unbekannt	Невідомий
Vergessen	Забутий
Zivilisation	Цивілізація

Astronomie
Астрономія

Asteroid	Астероїд
Astronaut	Астронавт
Astronom	Астроном
Erde	Земля
Himmel	Небо
Komet	Комета
Konstellation	Сузір'Я
Kosmos	Космос
Meteor	Метеор
Mond	Місяць
Nebel	Туманність
Observatorium	Обсерваторія
Planet	Планета
Rakete	Ракета
Satellit	Супутник
Stern	Зірка
Supernova	Наднова
Teleskop	Телескоп
Tierkreis	Зодіак
Universum	Всесвіт

Ballett
Балет

Anmutig	Витончений
Applaus	Оплески
Ausdrucksvoll	Виразний
Ballerina	Балерина
Choreographie	Хореографія
Fähigkeit	Навичка
Geste	Жест
Intensität	Інтенсивність
Komponist	Композитор
Künstlerisch	Художній
Musik	Музика
Muskel	М'Язи
Orchester	Оркестр
Probe	Репетиція
Publikum	Аудиторія
Rhythmus	Ритм
Solo	Соло
Stil	Стиль
Tänzer	Танцюристів
Technik	Техніка

Barbecues
Барбекю

Abendessen	Вечеря
Familie	Родина
Freunde	Друзі
Frucht	Фрукт
Gabeln	Вилки
Gemüse	Овочі
Grill	Гриль
Heiss	Гаряче
Huhn	Курка
Hunger	Голод
Kinder	Діти
Messer	Ножі
Mittagessen	Обід
Musik	Музика
Pfeffer	Перець
Salate	Салати
Salz	Сіль
Sommer	Літо
Sosse	Соус
Spiele	Ігри

Bauernhof #1

Ферма #1

Biene	Бджола
Boden	Ґрунт
Dünger	Добриво
Esel	Осел
Feld	Поле
Heu	Сіно
Honig	Мед
Huhn	Курка
Hund	Пес
Kalb	Теля
Katze	Кішка
Krähe	Ворона
Kuh	Корова
Land	Земля
Pferd	Кінь
Reis	Рис
Schwein	Свиня
Wasser	Вода
Zaun	Паркан
Ziege	Коза

Bauernhof #2

Ферма #2

Bauer	Фермер
Bewässerung	Зрошення
Bienenstock	Вулик
Ente	Качка
Frucht	Фрукт
Gemüse	Овоч
Gerste	Ячмінь
Lama	Лама
Lamm	Ягня
Mais	Кукурудза
Milch	Молоко
Obstgarten	Фруктовий Сад
Reif	Стиглі
Schaf	Вівця
Schäfer	Пастух
Scheune	Сарай
Traktor	Трактор
Weizen	Пшениця
Wiese	Луг
Windmühle	Вітряк

Berufe #1

Професії #1

Arzt	Лікар
Astronom	Астроном
Bankier	Банкір
Botschafter	Посол
Buchhalter	Бухгалтер
Geologe	Геолог
Jäger	Мисливець
Juwelier	Ювелір
Kartograph	Картограф
Klempner	Сантехнік
Krankenschwester	Медсестра
Künstler	Художник
Mechaniker	Механік
Musiker	Музикант
Pianist	Піаніст
Psychologe	Психолог
Rechtsanwalt	Адвокат
Tänzer	Танцюрист
Tierarzt	Ветеринар
Trainer	Тренер

Berufe #2

Професії #2

Arzt	Лікар
Astronaut	Астронавт
Bibliothekar	Бібліотекар
Biologe	Біолог
Chirurg	Хірург
Detektiv	Детектив
Erfinder	Винахідник
Forscher	Дослідник
Fotograf	Фотограф
Gärtner	Садівник
Illustrator	Ілюстратор
Ingenieur	Інженер
Journalist	Журналіст
Lehrer	Вчитель
Linguist	Лінгвіст
Maler	Художник
Philosoph	Філософ
Pilot	Пілот
Zahnarzt	Стоматолог
Zoologe	Зоолог

Bienen

Бджола

Bestäuber	Запильник
Bienenkorb	Вулик
Blumen	Квіти
Blüte	Цвіт
Essen	Їжа
Flügel	Крила
Frucht	Фрукт
Garten	Сад
Honig	Мед
Insekt	Комаха
Königin	Королева
Ökosystem	Екосистема
Pflanzen	Рослини
Pollen	Пилок
Rauch	Дим
Schwarm	Рій
Sonne	Сонце
Vorteilhaft	Вигідний
Wachs	Віск

Bildende Kunst

Образотворче Мистецтво

Architektur	Архітектура
Bleistift	Олівець
Film	Фільм
Foto	Фотографія
Keramik	Кераміка
Kreativität	Творчість
Kreide	Крейда
Künstler	Художник
Lack	Лак
Meisterwerk	Шедевр
Perspektive	Перспектива
Porträt	Портрет
Schablone	Трафарет
Skulptur	Скульптура
Staffelei	Мольберт
Stift	Ручка
Ton	Глина
Wachs	Віск
Zusammensetzung	Склад

Blumen
Квіти

Blütenblatt	Пелюстка
Gardenie	Гарденія
Gänseblümchen	Ромашка
Hibiskus	Гібіскус
Jasmin	Жасмин
Klee	Конюшина
Lavendel	Лаванда
Lila	Бузок
Lilie	Лілія
Löwenzahn	Кульбаба
Magnolie	Магнолія
Mohn	Мак
Orchidee	Орхідея
Pfingstrose	Півонія
Plumeria	Плюмерія
Rose	Троянда
Sonnenblume	Соняшник
Strauss	Букет
Tulpe	Тюльпан

Boote
Катери

Anker	Якір
Boje	Буй
Crew	Екіпаж
Dock	Док
Fähre	Пором
Floss	Пліт
Fluss	Річка
Kajak	Каяк
Kanu	Каное
Mast	Щогла
Meer	Море
Motor	Двигун
Nautisch	Морські
Ozean	Океан
See	Озеро
Seemann	Моряк
Segelboot	Вітрильник
Seil	Мотузка
Wellen	Хвилі
Yacht	Яхта

Boxen
Бокс

Ecke	Кут
Ellbogen	Лікоть
Erschöpft	Змучений
Faust	Кулак
Fähigkeit	Навичка
Fokus	Фокус
Gegner	Опонент
Glocke	Дзвоник
Handschuhe	Рукавички
Kämpfer	Боєць
Kick	Удар
Kinn	Підборіддя
Körper	Тіло
Recovery	Відновлення
Schiedsrichter	Суддя
Seile	Мотузки
Stärke	Сила
Verletzungen	Травми

Bücher
Книги

Abenteuer	Пригода
Autor	Автор
Dualität	Подвійність
Episch	Епопеї
Erzähler	Оповідач
Gedicht	Вірш
Geschichte	Історія
Geschrieben	Написана
Historisch	Історичний
Humorvoll	Гумористичний
Kollektion	Колекція
Kontext	Контекст
Leser	Читач
Literarisch	Літературний
Poesie	Поезія
Relevant	Відповідні
Roman	Роман
Seite	Сторінка
Serie	Серія
Tragisch	Трагічний

Camping
Кемпінг

Abenteuer	Пригода
Berg	Гора
Feuer	Вогонь
Hängematte	Гамак
Hut	Капелюх
Insekt	Комаха
Jagd	Полювання
Kabine	Кабіна
Kanu	Каное
Karte	Карта
Kompass	Компас
Laterne	Ліхтар
Mond	Місяць
Natur	Природа
See	Озеро
Seil	Мотузка
Spass	Веселощі
Tiere	Тварин
Wald	Ліс
Zelt	Намет

Chemie
Хімія

Alkalisch	Лужний
Chlor	Хлор
Elektron	Електрон
Enzym	Фермент
Flüssigkeit	Рідина
Gas	Газ
Gewicht	Вага
Hitze	Тепло
Ion	Іон
Katalysator	Каталізатор
Kohlenstoff	Вуглець
Molekül	Молекула
Nuklear	Ядерний
Organisch	Органічний
Reaktion	Реакція
Salz	Сіль
Sauerstoff	Кисень
Säure	Кислота
Temperatur	Температура
Wasserstoff	Водень

Das Unternehmen
Компанія

Beschäftigung	Зайнятість
Einheiten	Одиниць
Einnahmen	Дохід
Entscheidung	Рішення
Fortschritt	Прогрес
Geschäft	Бізнес
Global	Глобальний
Industrie	Промисловості
Innovativ	Інноваційний
Investition	Інвестиції
Kreativ	Творчий
Möglichkeit	Можливість
Präsentation	Презентація
Produkt	Продукт
Professionell	Професійний
Qualität	Якість
Ressourcen	Ресурси
Risiken	Ризики
Ruf	Репутація

Diplomatie
Дипломатія

Auflösung	Резолюція
Ausländisch	Іноземний
Berater	Радник
Botschaft	Посольство
Botschafter	Посол
Bürger	Громадяни
Diplomatisch	Дипломатичний
Diskussion	Обговорення
Ethik	Етика
Gemeinschaft	Громада
Humanitär	Гуманітарний
Integrität	Цілісність
Konflikt	Конфлікт
Lösung	Рішення
Politik	Політика
Regierung	Уряд
Sicherheit	Безпека
Sprachen	Мови
Vertrag	Договір
Zusammenarbeit	Співпраця

Elektrizität
Електрика

Ausrüstung	Обладнання
Batterie	Батарея
Drähte	Дроти
Elektriker	Електрик
Elektrisch	Електричний
Fernsehen	Телебачення
Generator	Генератор
Kabel	Кабель
Lagerung	Зберігання
Lampe	Лампа
Laser	Лазер
Magnet	Магніт
Menge	Кількість
Negativ	Негативний
Netzwerk	Мережа
Objekte	Об'Єкт
Positiv	Позитивний
Steckdose	Розетка
Telefon	Телефон

Energie
Енергія

Batterie	Батарея
Benzin	Бензин
Brennstoff	Паливо
Diesel	Дизель
Elektrisch	Електричний
Elektron	Електрон
Entropie	Ентропія
Erneuerbar	Поновлюваних
Hitze	Тепло
Industrie	Промисловості
Kohlenstoff	Вуглець
Motor	Мотор
Nuklear	Ядерний
Photon	Фотон
Sonne	Сонце
Turbine	Турбіна
Umwelt	Середовище
Verschmutzung	Забруднення
Wasserstoff	Водень
Wind	Вітер

Ernährung
Харчування

Appetit	Апетит
Ausgewogen	Збалансований
Bitter	Гіркий
Diät	Дієта
Essbar	Їстівний
Fermentation	Бродіння
Geschmack	Аромат
Gesund	Здоровий
Gesundheit	Здоров'Я
Gewicht	Вага
Kalorien	Калорій
Kohlenhydrate	Вуглеводів
Nährstoff	Поживний
Portion	Порція
Proteine	Білки
Qualität	Якість
Sosse	Соус
Toxin	Токсин
Verdauung	Травлення
Vitamin	Вітамін

Essen #1
Харчування #1

Basilikum	Василь
Birne	Груша
Erdbeere	Полуниця
Erdnuss	Арахіс
Fleisch	М'Ясо
Kaffee	Кава
Karotte	Морква
Knoblauch	Часник
Milch	Молоко
Rübe	Ріпа
Saft	Сік
Salat	Салат
Salz	Сіль
Spinat	Шпинат
Suppe	Суп
Thunfisch	Тунець
Zimt	Кориця
Zitrone	Лимон
Zucker	Цукор
Zwiebel	Цибуля

Essen #2
Харчування #2

Apfel	Яблуко
Artischocke	Артишок
Aubergine	Баклажан
Banane	Банан
Brokkoli	Броколі
Brot	Хліб
Ei	Яйце
Fisch	Риба
Joghurt	Йогурт
Käse	Сир
Kirsche	Вишня
Mandel	Мигдаль
Pilz	Гриб
Reis	Рис
Schinken	Шинка
Schokolade	Шоколад
Sellerie	Селера
Spargel	Спаржа
Tomate	Помідор
Weizen	Пшениця

Fahren
Водіння

Auto	Автомобіль
Bremsen	Гальма
Brennstoff	Паливо
Bus	Автобус
Garage	Гараж
Gas	Газ
Gefahr	Небезпека
Geschwindigkeit	Швидкість
Karte	Карта
Lizenz	Ліцензія
Lkw	Вантажівка
Motor	Мотор
Motorrad	Мотоцикл
Polizei	Поліція
Sicherheit	Безпека
Transport	Транспорт
Tunnel	Тунель
Unfall	Аварія
Verkehr	Трафік
Vorsicht	Обережність

Fahrzeuge
Автомобілі

Auto	Автомобіль
Boot	Човен
Bus	Автобус
Fahrrad	Велосипед
Fähre	Пором
Floss	Пліт
Flugzeug	Літак
Hubschrauber	Вертоліт
Lkw	Вантажівка
Motor	Мотор
Rakete	Ракета
Reifen	Шини
Roller	Скутер
Taxi	Таксі
Traktor	Трактор
U-Bahn	Метро
Van	Фургон
Wohnwagen	Караван
Zug	Поїзд

Familie
Сімейний

Bruder	Брат
Ehefrau	Дружина
Ehemann	Чоловік
Enkel	Онук
Grossmutter	Бабуся
Grossvater	Дід
Kind	Дитина
Kindheit	Дитинство
Mutter	Мати
Mütterlich	Материнський
Neffe	Племінник
Nichte	Племінниця
Onkel	Дядько
Schwester	Сестра
Tante	Тітка
Tochter	Дочка
Vater	Батько
Väterlich	Батьківський
Vetter	Кузен
Vorfahr	Предок

Farben
Кольори

Azurblau	Лазурний
Beige	Бежевий
Blau	Синій
Braun	Коричневий
Fuchsie	Фуксія
Gelb	Жовтий
Grau	Сірий
Grün	Зелений
Indigo	Індиго
Lila	Фіолетовий
Orange	Оранжевий
Purpur	Малиновий
Rosa	Рожевий
Rot	Червоний
Schwarz	Чорний
Sepia	Сепія
Weiss	Білий
Zyan	Блакитний

Flugzeuge
Літаки

Abenteuer	Пригода
Abstieg	Спуск
Atmosphäre	Атмосфера
Aufblasen	Надути
Brennstoff	Паливо
Crew	Екіпаж
Design	Дизайн
Geschichte	Історія
Himmel	Небо
Höhe	Висота
Konstruktion	Будівництво
Landung	Посадка
Luft	Повітря
Motor	Двигун
Passagier	Пасажир
Pilot	Пілот
Propeller	Гвинти
Richtung	Напрям
Wasserstoff	Водень
Wetter	Погода

Formen
Форми

Bogen	Дуга
Dreieck	Трикутник
Ecke	Кут
Ellipse	Еліпс
Hyperbel	Гіпербола
Kegel	Конус
Kreis	Коло
Kugel	Сфера
Kurve	Крива
Linie	Лінія
Oval	Овальний
Polygon	Багатокутник
Prisma	Призма
Pyramide	Піраміда
Quadrat	Площа
Rechteck	Прямокутник
Rund	Круглий
Seite	Бік
Würfel	Куб
Zylinder	Циліндр

Garten
Сад

Bank	Лава
Baum	Дерево
Blume	Квітка
Boden	Ґрунт
Busch	Кущ
Garage	Гараж
Garten	Сад
Gras	Трава
Hängematte	Гамак
Obstgarten	Фруктовий Сад
Rasen	Газон
Rechen	Граблі
Schaufel	Лопата
Schlauch	Шланг
Teich	Ставок
Terrasse	Тераса
Trampolin	Батут
Unkraut	Бур'Янів
Veranda	Ганок
Zaun	Паркан

Gartenarbeit
Садівництво

Art	Вид
Blatt	Лист
Blüte	Цвіт
Boden	Ґрунт
Botanisch	Ботанічний
Container	Контейнер
Essbar	Їстівний
Exotisch	Екзотичні
Feuchtigkeit	Вологі
Klima	Клімат
Kompost	Компост
Laub	Листя
Obstgarten	Фруктовий Сад
Saat	Насіння
Saisonal	Сезонний
Schlauch	Шланг
Schmutz	Бруд
Strauss	Букет
Wasser	Вода

Gebäude
Будинки

Bauernhof	Ферма
Botschaft	Посольство
Fabrik	Фабрика
Garage	Гараж
Herberge	Гуртожиток
Hotel	Готель
Kabine	Кабіна
Kino	Кіно
Krankenhaus	Лікарня
Labor	Лабораторія
Museum	Музей
Observatorium	Обсерваторія
Scheune	Сарай
Schule	Школа
Stadion	Стадіон
Supermarkt	Супермаркет
Theater	Театр
Turm	Вежа
Universität	Університет
Zelt	Намет

Gemüse
Овочі

Artischocke	Артишок
Aubergine	Баклажан
Brokkoli	Броколі
Erbse	Горох
Gurke	Огірок
Ingwer	Імбир
Karotte	Морква
Kartoffel	Картопля
Knoblauch	Часник
Kürbis	Гарбуз
Olive	Оливка
Petersilie	Петрушка
Pilz	Гриб
Rübe	Ріпа
Salat	Салат
Sellerie	Селера
Spinat	Шпинат
Tomate	Помідор
Zucchini	Цукіні
Zwiebel	Цибуля

Geographie
Географія

Atlas	Атлас
Äquator	Екватор
Berg	Гора
Breite	Широта
Fluss	Річка
Gebiet	Територія
Hemisphäre	Півкуля
Höhe	Висота
Insel	Острів
Karte	Карта
Kontinent	Континент
Land	Країна
Meer	Море
Meridian	Меридіан
Norden	Північ
Ozean	Океан
Region	Регіон
Stadt	Місто
Welt	Світ
West	Захід

Geologie
Геологія

Erdbeben	Землетрус
Erosion	Ерозія
Fossil	Викопний
Geysir	Гейзер
Höhle	Печера
Kalzium	Кальцій
Kontinent	Континент
Koralle	Кораловий
Lava	Лава
Mineralien	Мінерали
Plateau	Плато
Quarz	Кварц
Salz	Сіль
Säure	Кислота
Stalagmiten	Сталагміти
Stalaktit	Сталактит
Stein	Камінь
Vulkan	Вулкан
Zone	Зона
Zyklen	Циклів

Geometrie
Геометрія

Anteil	Пропорція
Berechnung	Розрахунок
Dimension	Вимір
Dreieck	Трикутник
Durchmesser	Діаметр
Gleichung	Рівняння
Höhe	Висота
Kreis	Коло
Kurve	Крива
Logik	Логіка
Masse	Маса
Nummer	Число
Oberfläche	Поверхня
Parallel	Паралельний
Quadrat	Площа
Radius	Радіус
Segment	Сегмент
Symmetrie	Симетрія
Theorie	Теорія
Winkel	Кут

Geschäft
Бізнес

Arbeitgeber	Роботодавець
Budget	Бюджет
Büro	Офіс
Einkommen	Дохід
Fabrik	Фабрика
Geld	Гроші
Geschäft	Магазин
Gewinn	Прибуток
Investition	Інвестиції
Karriere	Кар'Єр
Kosten	Вартість
Manager	Менеджер
Mitarbeiter	Працівник
Rabatt	Знижка
Steuern	Податки
Transaktion	Транзакція
Verkauf	Продаж
Ware	Товар
Währung	Валюта
Wirtschaft	Економіка

Gesundheit und Wellness #1
Оздоровчий та Оздоровчий

Aktiv	Активний
Apotheke	Аптека
Arzt	Лікар
Bakterien	Бактерії
Behandlung	Лікування
Entspannung	Розслаблення
Fraktur	Перелом
Gewohnheit	Звичка
Haut	Шкіра
Höhe	Висота
Hunger	Голод
Klinik	Клініка
Knochen	Кістки
Medizin	Медицина
Medizinisch	Медичний
Nerven	Нерви
Reflex	Рефлекс
Therapie	Терапія
Verletzung	Травма
Virus	Вірус

Gesundheit und Wellness #2
Оздоровчий та Оздоровчий

Allergie	Алергія
Anatomie	Анатомія
Appetit	Апетит
Blut	Кров
Diät	Дієта
Energie	Енергія
Genetik	Генетика
Gesund	Здоровий
Gewicht	Вага
Hygiene	Гігієна
Infektion	Інфекція
Kalorie	Калорія
Krankenhaus	Лікарня
Krankheit	Хвороба
Massage	Масаж
Risiken	Ризики
Schlafen	Спати
Sport	Спорт
Stress	Стрес
Vitamin	Вітамін

Gewürze
Спеції

Anis	Аніс
Bitter	Гіркий
Curry	Каррі
Fenchel	Фенхель
Geschmack	Аромат
Ingwer	Імбир
Kardamom	Кардамон
Knoblauch	Часник
Kreuzkümmel	Кмин
Lakritze	Солодка
Nelke	Гвоздика
Paprika	Паприка
Pfeffer	Перець
Safran	Шафран
Salz	Сіль
Sauer	Кислий
Süss	Солодкий
Vanille	Ванілі
Zimt	Кориця
Zwiebel	Цибуля

Haartypen

Типи Волосся

Blond	Блондин
Braun	Коричневий
Dick	Товстий
Dünn	Тонкий
Geflochten	Плетений
Gesund	Здоровий
Glänzend	Блискучий
Grau	Сірий
Kahl	Лисий
Kurz	Короткий
Lang	Довгий
Locken	Кучер
Lockig	Кучерявий
Schwarz	Чорний
Silber	Срібло
Trocken	Сухий
Weich	М'Який
Weiss	Білий
Wellig	Хвилястий
Zöpfe	Коси

Haus

Будинок

Besen	Мітла
Bibliothek	Бібліотека
Dach	Дах
Dachboden	Горище
Decke	Стеля
Dusche	Душ
Fenster	Вікно
Garage	Гараж
Garten	Сад
Kamin	Камін
Küche	Кухня
Lampe	Лампа
Möbel	Меблі
Schlafzimmer	Спальня
Schornstein	Димохід
Spiegel	Дзеркало
Tür	Двері
Wand	Стіна
Zaun	Паркан
Zimmer	Кімната

Haustiere

Домашні Тварини

Eidechse	Ящірка
Essen	Їжа
Fisch	Риба
Hamster	Хом'Як
Hase	Кролик
Hund	Пес
Katze	Кішка
Kätzchen	Кошеня
Kragen	Комір
Kuh	Корова
Maus	Миша
Papagei	Папуга
Pfoten	Лапи
Schildkröte	Черепаха
Schwanz	Хвіст
Tierarzt	Ветеринар
Wasser	Вода
Welpe	Цуценя
Ziege	Коза

Ingenieurwesen

Інженерія

Achse	Вісь
Antrieb	Рушій
Berechnung	Розрахунок
Diagramm	Діаграма
Diesel	Дизель
Durchmesser	Діаметр
Energie	Енергія
Flüssigkeit	Рідина
Getriebe	Шестерня
Hebel	Важелі
Konstruktion	Будівництво
Maschine	Машина
Messung	Вимірювання
Motor	Мотор
Stabilität	Стабільність
Stärke	Сила
Struktur	Структура
Tiefe	Глибина
Verteilung	Розподіл
Winkel	Кут

Jazz

Джаз

Album	Альбом
Alt	Старий
Applaus	Оплески
Berühmt	Відомий
Favoriten	Обраний
Genre	Жанр
Improvisation	Імпровізація
Komponist	Композитор
Konzert	Концерт
Künstler	Художник
Lied	Пісня
Musik	Музика
Musiker	Музикантів
Neu	Новий
Orchester	Оркестр
Rhythmus	Ритм
Solo	Соло
Stil	Стиль
Talent	Талант
Technik	Техніка

Kleidung

Одяг

Armband	Браслет
Bluse	Блузка
Gürtel	Пояс
Halskette	Намисто
Handschuhe	Рукавички
Hemd	Сорочка
Hose	Штани
Hut	Капелюх
Jacke	Куртка
Jeans	Джинси
Kleid	Плаття
Mantel	Пальто
Mode	Мода
Pullover	Светр
Rock	Спідниця
Sandalen	Сандалі
Schal	Шарф
Schlafanzug	Піжама
Schuh	Взуття
Schürze	Фартух

Kräuterkunde
Травотравизм

Aromatisch	Ароматичний
Basilikum	Василь
Blume	Квітка
Dill	Кріп
Estragon	Естрагон
Fenchel	Фенхель
Garten	Сад
Geschmack	Аромат
Grün	Зелений
Knoblauch	Часник
Kulinarisch	Кулінарні
Lavendel	Лаванда
Majoran	Майоран
Petersilie	Петрушка
Qualität	Якість
Rosmarin	Розмарин
Safran	Шафран
Thymian	Чебрець
Vorteilhaft	Вигідний
Zutat	Інгредієнт

Kreativität
Творчість

Ausdruck	Вираз
Authentizität	Автентичність
Bild	Зображення
Dramatisch	Драматичні
Eindruck	Враження
Fähigkeit	Навичка
Flüssigkeit	Плинність
Gefühle	Почуття
Ideen	Ідеї
Inspiration	Натхнення
Intensität	Інтенсивність
Intuition	Інтуїція
Klarheit	Ясність
Künstlerisch	Художній
Phantasie	Уява
Sensation	Відчуття
Spontan	Спонтанний
Visionen	Бачення

Kunst
Мистецтво

Ausdruck	Вираз
Ehrlich	Чесний
Einfach	Простий
Gegenstand	Предмет
Gemälde	Картини
Inspiriert	Запалений
Keramik	Керамічні
Komplex	Складний
Original	Оригінал
Persönlich	Особистий
Poesie	Поезія
Schaffen	Творити
Skulptur	Скульптура
Stimmung	Настрій
Surrealismus	Сюрреалізм
Symbol	Символ
Visuell	Візуальний
Zusammensetzung	Склад

Landschaften
Пейзажі

Berg	Гора
Eisberg	Айсберг
Fluss	Річка
Geysir	Гейзер
Gletscher	Льодовик
Golf	Затока
Halbinsel	Півострів
Höhle	Печера
Hügel	Пагорб
Insel	Острів
Meer	Море
Oase	Оазис
See	Озеро
Strand	Пляж
Sumpf	Болото
Tal	Долина
Tundra	Тундра
Vulkan	Вулкан
Wasserfall	Водоспад
Wüste	Пустеля

Länder #1
Країни #1

Ägypten	Єгипет
Brasilien	Бразилія
Deutschland	Німеччина
Finnland	Фінляндія
Indien	Індія
Irak	Ірак
Israel	Ізраїль
Italien	Італія
Kambodscha	Камбоджа
Kanada	Канада
Lettland	Латвія
Mali	Малі
Nicaragua	Нікарагуа
Norwegen	Норвегія
Polen	Польща
Rumänien	Румунія
Senegal	Сенегал
Spanien	Іспанія
Venezuela	Венесуела
Vietnam	В'Єтнам

Länder #2
Країни #2

Albanien	Албанія
Äthiopien	Ефіопія
Frankreich	Франція
Griechenland	Греція
Haiti	Гаїті
Irland	Ірландія
Jamaika	Ямайка
Japan	Японія
Kenia	Кенія
Laos	Лаос
Liberia	Ліберія
Mexiko	Мексика
Nepal	Непал
Nigeria	Нігерія
Pakistan	Пакистан
Russland	Росія
Sudan	Судан
Syrien	Сирія
Uganda	Уганда
Ukraine	Україна

Literatur
Література

Analogie	Аналогія
Analyse	Аналіз
Anekdote	Анекдот
Autor	Автор
Beschreibung	Опис
Biographie	Біографія
Dialog	Діалог
Erzähler	Оповідач
Fiktion	Вигадка
Gedicht	Вірш
Metapher	Метафора
Poetisch	Поетичний
Reim	Рима
Rhythmus	Ритм
Roman	Роман
Schlussfolgerun g	Висновок
Stil	Стиль
Thema	Тема
Tragödie	Трагедія
Vergleich	Порівняння

Mathematik
Математика

Arithmetik	Арифметика
Dezimal	Десятковий
Dreieck	Трикутник
Durchmesser	Діаметр
Exponent	Показник
Geometrie	Геометрія
Gleichung	Рівняння
Kugel	Сфера
Parallel	Паралельний
Parallelogramm	Паралелограм
Polygon	Багатокутник
Quadrat	Площа
Radius	Радіус
Rechteck	Прямокутник
Summe	Сума
Symmetrie	Симетрія
Umfang	Периметр
Volumen	Обсяг
Winkel	Кути

Meditation
Медитація

Annahme	Прийняття
Atmung	Дихання
Aufmerksamkeit	Увага
Bewegung	Рух
Dankbarkeit	Подяка
Freundlichkeit	Доброта
Frieden	Мир
Gedanken	Думки
Geistig	Розумовий
Glück	Щастя
Klarheit	Ясність
Lehre	Вчення
Mitgefühl	Співчуття
Musik	Музика
Natur	Природа
Perspektive	Перспектива
Ruhig	Спокійний
Stille	Тиша
Verstand	Розум
Wach	Прокинутися

Menschlicher Körper
Людське Тіло

Bein	Нога
Blut	Кров
Ellbogen	Лікоть
Finger	Палець
Gehirn	Мозок
Gesicht	Обличчя
Hals	Шия
Hand	Рука
Haut	Шкіра
Herz	Серце
Kiefer	Щелепа
Kinn	Підборіддя
Knie	Коліна
Knöchel	Щиколотки
Kopf	Голова
Mund	Рот
Nase	Ніс
Ohr	Вухо
Schulter	Плече
Zunge	Язик

Messungen
Вимірювання

Breite	Ширина
Byte	Байт
Dezimal	Десятковий
Gewicht	Вага
Grad	Ступінь
Gramm	Грам
Höhe	Висота
Kilogramm	Кілограм
Kilometer	Кілометр
Länge	Довжина
Liter	Літр
Masse	Маса
Meter	Метр
Minute	Хвилина
Tiefe	Глибина
Tonne	Тонна
Unze	Унція
Volumen	Обсяг
Zentimeter	Сантиметр
Zoll	Дюйм

Mode
Мода

Bescheiden	Скромний
Boutique	Бутик
Einfach	Простий
Elegant	Елегантний
Kleidung	Одяг
Komfortabel	Комфортно
Modern	Сучасний
Muster	Візерунок
Original	Оригінал
Praktisch	Практичний
Spitze	Мереживо
Stickerei	Вишивка
Stil	Стиль
Stoff	Тканина
Tasten	Кнопки
Teuer	Дорого
Textur	Текстура
Trend	Тенденція

Musik
Музика

Album	Альбом
Ballade	Балада
Chor	Хор
Harmonie	Гармонія
Harmonisch	Гармонійних
Improvisieren	Імпровізувати
Instrument	Інструмент
Klassisch	Класичний
Lyrisch	Ліричний
Melodie	Мелодія
Mikrofon	Мікрофон
Musical	Музичний
Musiker	Музикант
Oper	Опера
Poetisch	Поетичний
Rhythmisch	Ритмічний
Rhythmus	Ритм
Sänger	Співак
Singen	Співати
Tempo	Темп

Musikinstrumente
Музичні Інструменти

Banjo	Банджо
Cello	Віолончель
Drumsticks	Гомілки
Fagott	Фагот
Flöte	Флейта
Geige	Скрипка
Gitarre	Гітара
Gong	Гонг
Harfe	Арфа
Klarinette	Кларнет
Klavier	Фортепіано
Mandoline	Мандоліна
Mundharmonika	Гармоніка
Oboe	Гобой
Posaune	Тромбон
Saxophon	Саксофон
Schlagzeug	Удар
Tamburin	Бубон
Trommel	Барабан
Trompete	Труба

Mythologie
Міфологія

Archetyp	Архетип
Blitz	Блискавка
Donner	Грім
Eifersucht	Ревнощі
Held	Герой
Himmel	Небо
Katastrophe	Лихо
Kreation	Створення
Kreatur	Істота
Krieger	Воїн
Kultur	Культура
Labyrinth	Лабіринт
Legende	Легенда
Magisch	Чарівний
Monster	Монстр
Rache	Помста
Stärke	Сила
Sterblich	Смертний
Unsterblichkeit	Безсмертя
Verhalten	Поведінка

Natur
Природа

Arktis	Арктичний
Berge	Гори
Bienen	Бджіл
Dynamisch	Динамічний
Erosion	Ерозія
Fluss	Річка
Friedlich	Мирно
Gletscher	Льодовик
Heiligtum	Святилище
Heiter	Безтурботний
Laub	Листя
Nebel	Туман
Schönheit	Краса
Schutz	Притулок
Tiere	Тварин
Tropisch	Тропічний
Wald	Ліс
Wild	Дикий
Wolken	Хмари
Wüste	Пустеля

Obst
Фрукти

Ananas	Ананас
Apfel	Яблуко
Aprikose	Абрикос
Avocado	Авокадо
Banane	Банан
Beere	Ягода
Birne	Груша
Brombeere	Ожина
Himbeere	Малина
Kirsche	Вишня
Kiwi	Ківі
Kokosnuss	Кокос
Melone	Диня
Nektarine	Нектарин
Orange	Оранжевий
Papaya	Папайя
Pfirsich	Персик
Pflaume	Слива
Traube	Виноград
Zitrone	Лимон

Ozean
Океан

Aal	Вугор
Auster	Устриця
Boot	Човен
Delfin	Дельфін
Fisch	Риба
Garnele	Креветки
Gezeiten	Припливи
Hai	Акула
Koralle	Кораловий
Krabbe	Краб
Krake	Восьминіг
Qualle	Медуза
Riff	Риф
Salz	Сіль
Schildkröte	Черепаха
Schwamm	Губка
Sturm	Буря
Thunfisch	Тунець
Wal	Кит
Wellen	Хвилі

Pflanzen
Рослини

Bambus	Бамбук
Baum	Дерево
Beere	Ягода
Blume	Квітка
Blütenblatt	Пелюстка
Bohne	Квасоля
Botanik	Ботаніка
Busch	Кущ
Dünger	Добриво
Efeu	Плющ
Flora	Флора
Garten	Сад
Gras	Трава
Kaktus	Кактус
Kraut	Трав
Laub	Листя
Moos	Мох
Vegetation	Рослинність
Wald	Ліс
Wurzel	Корінь

Philanthropie
Благодійність

Brauchen	Потреба
Ehrlichkeit	Чесність
Finanzieren	Фінанси
Gemeinschaft	Громада
Geschichte	Історія
Global	Глобальний
Grosszügigkeit	Щедрість
Gruppen	Групи
Jugend	Молодь
Kinder	Діти
Kontakte	Контакти
Menschen	Люди
Menschheit	Людство
Mission	Місія
Mittel	Кошти
Nächstenliebe	Благодійність
Öffentlich	Громадський
Programme	Програми
Ziele	Цілі

Physik
Фізика

Atom	Атом
Beschleunigung	Прискорення
Chaos	Хаос
Chemisch	Хімічні
Dichte	Щільність
Elektron	Електрон
Experiment	Експеримент
Formel	Формула
Frequenz	Частота
Gas	Газ
Geschwindigkeit	Швидкість
Magnetismus	Магнетизм
Masse	Маса
Mechanik	Механіка
Molekül	Молекула
Motor	Двигун
Nuklear	Ядерний
Partikel	Частинка
Relativität	Відносність
Universal	Універсальний

Psychologie
Психологія

Bewertung	Оцінка
Bewusstlos	Несвідомий
Ego	Его
Einflüsse	Вплив
Gedanken	Думки
Ideen	Ідеї
Kindheit	Дитинство
Klinisch	Клінічний
Kognition	Пізнання
Konflikt	Конфлікт
Persönlichkeit	Особистості
Problem	Проблема
Sensation	Відчуття
Termin	Призначення
Therapie	Терапія
Träume	Мрії
Unterbewusstsein	Підсвідомості
Verhalten	Поведінка
Wahrnehmung	Сприйняття
Wirklichkeit	Реальність

Regierung
Уряду

Bezirk	Район
Demokratie	Демократія
Denkmal	Пам'Ятник
Diskussion	Обговорення
Freiheit	Свобода
Friedlich	Мирно
Führer	Лідер
Gesetz	Закон
Gleichheit	Рівність
Justiziell	Судової
Nation	Нація
National	Національний
Politik	Політика
Rechte	Права
Rede	Мовлення
Staat	Стан
Symbol	Символ
Unabhängigkeit	Незалежність
Verfassung	Конституція
Zivil	Цивільний

Restaurant #2
Ресторан #2

Abendessen	Вечеря
Eis	Лід
Fisch	Риба
Frucht	Фрукт
Gabel	Вилка
Gemüse	Овочі
Getränk	Напій
Gewürze	Спеції
Kellner	Офіціант
Köstlich	Смачний
Kuchen	Торт
Löffel	Ложка
Mittagessen	Обід
Nudeln	Локшина
Salat	Салат
Salz	Сіль
Stuhl	Крісло
Suppe	Суп
Vorspeise	Закуска
Wasser	Вода

Säugetiere
Ссавці

Affe	Мавпа
Bär	Ведмідь
Biber	Бобер
Elefant	Слон
Fuchs	Лисиця
Giraffe	Жираф
Gorilla	Горила
Hund	Пес
Känguru	Кенгуру
Kojote	Койот
Löwe	Лев
Panther	Пантера
Pferd	Кінь
Ratte	Щур
Schaf	Вівця
Stier	Бик
Tiger	Тигр
Wal	Кит
Wolf	Вовк
Zebra	Зебра

Schokolade
Шоколад

Antioxidans	Антиоксидант
Bitter	Гіркий
Erdnüsse	Арахіс
Exotisch	Екзотичні
Favorit	Улюблений
Geschmack	Аромат
Geschmack	Смак
Kakao	Какао
Kalorien	Калорій
Karamell	Карамель
Kokosnuss	Кокос
Köstlich	Смачний
Pulver	Порошок
Qualität	Якість
Rezept	Рецепт
Süss	Солодкий
Zucker	Цукор
Zutat	Інгредієнт

Schönheit
Краса

Anmut	Благодать
Charme	Шарм
Dienstleistungen	Послуги
Duft	Аромат
Elegant	Елегантний
Eleganz	Елегантність
Farbe	Колір
Fotogen	Фотогенічний
Glatt	Гладкий
Haut	Шкіра
Kosmetik	Косметика
Lippenstift	Помада
Locken	Кучер
Öle	Масла
Produkte	Продукти
Schere	Ножиці
Shampoo	Шампунь
Spiegel	Дзеркало
Stylist	Стиліст
Wimperntusche	Туш

Science Fiction
Наукова Фантастика

Bücher	Книги
Chemikalien	Хімікалії
Dystopie	Антиутопія
Explosion	Вибух
Fantastisch	Фантастичний
Feuer	Вогонь
Futuristisch	Футуристичний
Galaxie	Галактика
Geheimnisvoll	Таємничий
Illusion	Ілюзія
Imaginär	Уявний
Kino	Кіно
Orakel	Оракул
Planet	Планета
Realistisch	Реалістичний
Roboter	Роботи
Szenario	Сценарій
Technologie	Технологія
Utopie	Утопія
Welt	Світ

Sport
Спорт

Athlet	Спортсмен
Ausdauer	Витривалість
Diät	Дієта
Ernährung	Харчування
Fähigkeit	Здатність
Gesundheit	Здоров'Я
Joggen	Біг
Knochen	Кістки
Körper	Тіло
Maximieren	Максимізувати
Metabolisch	Метаболічний
Muskel	М'Язи
Programm	Програма
Schwimmen	Плавати
Sport	Спорт
Stärke	Сила
Tanzen	Танці
Trainer	Тренер
Ziel	Мета

Sport
Спортивний

Athlet	Спортсмен
Baseball	Бейсбол
Basketball	Баскетбол
Bewegung	Рух
Eishockey	Хокей
Fahrrad	Велосипед
Gewinner	Переможець
Golf	Гольф
Gymnasium	Гімназія
Gymnastik	Гімнастика
Mannschaft	Команда
Meisterschaft	Чемпіонат
Schiedsrichter	Суддя
Schwimmen	Плавати
Spiel	Гра
Spieler	Гравець
Stadion	Стадіон
Tennis	Теніс
Trainer	Тренер

Stadt

Місто

Apotheke	Аптека
Bank	Банк
Bäckerei	Пекарня
Bibliothek	Бібліотека
Blumenhändler	Флорист
Flughafen	Аеропорт
Galerie	Галерея
Hotel	Готель
Kino	Кіно
Klinik	Клініка
Markt	Ринок
Museum	Музей
Restaurant	Ресторан
Salon	Салон
Schule	Школа
Stadion	Стадіон
Supermarkt	Супермаркет
Theater	Театр
Universität	Університет
Zoo	Зоопарк

Strand

Пляжний

Blau	Синій
Boot	Човен
Dock	Док
Handtuch	Рушник
Insel	Острів
Krabbe	Краб
Küste	Узбережжя
Lagune	Лагуна
Meer	Море
Ozean	Океан
Regenschirm	Парасолька
Riff	Риф
Sand	Пісок
Sandalen	Сандалі
Schwimmen	Плавати
Segelboot	Вітрильник
Sonne	Сонце
Urlaub	Відпустка

Tage und Monate

Дні та Місяці

August	Серпень
Dezember	Грудень
Dienstag	Вівторок
Donnerstag	Четвер
Februar	Лютий
Freitag	П'Ятниця
Jahr	Рік
Januar	Січень
Juli	Липень
Juni	Червень
Kalender	Календар
Mittwoch	Середа
Monat	Місяць
Montag	Понеділок
November	Листопад
Oktober	Жовтень
Samstag	Субота
September	Вересень
Sonntag	Неділя
Woche	Тиждень

Tanzen

Танець

Akademie	Академія
Anmut	Благодать
Ausdrucksvoll	Виразний
Bewegung	Рух
Choreographie	Хореографія
Emotion	Емоція
Freudig	Радісний
Haltung	Постава
Klassisch	Класичний
Körper	Тіло
Kultur	Культура
Kulturell	Культурний
Kunst	Мистецтво
Musik	Музика
Partner	Партнер
Probe	Репетиція
Rhythmus	Ритм
Traditionell	Традиційний
Visuell	Візуальний

Technologie

Технології

Anzeige	Дисплей
Bildschirm	Екран
Blog	Блог
Browser	Браузер
Bytes	Байт
Computer	Комп'Ютер
Cursor	Курсор
Datei	Файл
Daten	Дані
Digital	Цифровий
Forschung	Дослідження
Internet	Інтернет
Kamera	Камера
Nachricht	Повідомлення
Schriftart	Шрифт
Sicherheit	Безпека
Statistik	Статистика
Virtuell	Віртуальний
Virus	Вірус

Universum

Всесвіт

Asteroid	Астероїд
Astronom	Астроном
Astronomie	Астрономія
Atmosphäre	Атмосфера
Äon	Еон
Äquator	Екватор
Breite	Широта
Dunkelheit	Темрява
Galaxie	Галактика
Hemisphäre	Півкуля
Himmel	Небо
Horizont	Горизонт
Kosmisch	Космічний
Längengrad	Довгота
Mond	Місяць
Orbit	Орбіта
Sichtbar	Видимий
Sonnenwende	Сонцестояння
Teleskop	Телескоп
Tierkreis	Зодіак

Urlaub #2
Відпустка #2

Ausländer	Іноземець
Ausländisch	Іноземний
Camping	Кемпінг
Flughafen	Аеропорт
Freizeit	Дозвілля
Hotel	Готель
Insel	Острів
Karte	Карта
Meer	Море
Pass	Паспорт
Reise	Подорож
Restaurant	Ресторан
Strand	Пляж
Taxi	Таксі
Transport	Транспорт
Urlaub	Свято
Visum	Віза
Zelt	Намет
Ziel	Призначення
Zug	Поїзд

Vögel
Птахи

Adler	Орел
Ei	Яйце
Ente	Качка
Eule	Сова
Flamingo	Фламінго
Gans	Гуска
Huhn	Курка
Krähe	Ворона
Kuckuck	Зозуля
Möwe	Чайка
Papagei	Папуга
Pelikan	Пелікан
Pfau	Павич
Pinguin	Пінгвін
Rabe	Ворон
Reiher	Чапля
Schwan	Лебідка
Spatz	Горобець
Storch	Лелека
Taube	Голуб

Wandern
Походи

Berg	Гора
Camping	Кемпінг
Gefahren	Небезпеки
Gipfel	Саміт
Karte	Карта
Klima	Клімат
Müde	Втомився
Natur	Природа
Orientierung	Орієнтація
Parks	Парки
Schwer	Важкий
Sonne	Сонце
Steine	Камені
Stiefel	Чоботи
Tiere	Тварин
Vorbereitung	Підготовка
Wasser	Вода
Wetter	Погода
Wild	Дикий

Wasser
Вода

Bewässerung	Зрошення
Dampf	Пар
Dusche	Душ
Eis	Лід
Feuchtigkeit	Вологість
Fluss	Річка
Flut	Повінь
Frost	Мороз
Geysir	Гейзер
Hurrikan	Ураган
Kanal	Канал
Monsun	Мусон
Ozean	Океан
Regen	Дощ
Schnee	Сніг
See	Озеро
Trinkbar	Питний
Verdunstung	Випаровування
Wellen	Хвилі

Wetter
Погода

Atmosphäre	Атмосфера
Blitz	Блискавка
Brise	Бриз
Donner	Грим
Dürre	Посуха
Eis	Лід
Himmel	Небо
Hurrikan	Ураган
Klima	Клімат
Monsun	Мусон
Nebel	Туман
Polar	Полярний
Regenbogen	Веселка
Sturm	Бур
Temperatur	Температура
Tornado	Торнадо
Trocken	Сухі
Tropisch	Тропічний
Wind	Вітер
Wolke	Хмара

Wissenschaft
Наукова

Atom	Атом
Chemisch	Хімічні
Daten	Дані
Evolution	Еволюція
Experiment	Експеримент
Fossil	Викопний
Hypothese	Гіпотеза
Klima	Клімат
Labor	Лабораторія
Methode	Метод
Mineralien	Мінерали
Moleküle	Молекули
Natur	Природа
Organismus	Організм
Partikel	Частинки
Pflanzen	Рослини
Physik	Фізика
Schwerkraft	Гравітація
Tatsache	Факт
Wissenschaftler	Вчений

Wissenschaftliche Disziplinen
Наукові Дисципліни

Anatomie	Анатомія
Archäologie	Археологія
Astronomie	Астрономія
Biochemie	Біохімія
Biologie	Біологія
Botanik	Ботаніка
Chemie	Хімія
Geologie	Геологія
Immunologie	Імунологія
Kinesiologie	Кінезіологія
Linguistik	Лінгвістика
Mechanik	Механіка
Mineralogie	Мінералогія
Neurologie	Неврологія
Ökologie	Екологія
Physiologie	Фізіологія
Psychologie	Психологія
Soziologie	Соціологія
Thermodynamik	Термодинаміка
Zoologie	Зоологія

Zirkus
Цирк

Affe	Мавпа
Akrobat	Акробат
Clown	Клоун
Elefant	Слон
Fahrkarte	Квиток
Jongleur	Жонглер
Kostüm	Костюм
Löwe	Лев
Magie	Магія
Musik	Музика
Parade	Парад
Tiere	Тварин
Tiger	Тигр
Unterhalten	Розважати
Zauberer	Маг
Zeigen	Показати
Zelt	Намет
Zuschauer	Глядач

Zahlen
Числа

Acht	Вісім
Achtzehn	Вісімнадцять
Dezimal	Десятковий
Drei	Три
Dreizehn	Тринадцять
Fünf	П'Five
Fünfzehn	П'Ятнадцять
Neun	Дев'Ять
Neunzehn	Дев'Ятнадцять
Null	Нуль
Sechs	Шість
Sechzehn	Шістнадцять
Sieben	Сім
Siebzehn	Сімнадцять
Vier	Чотири
Vierzehn	Чотирнадцять
Zehn	Десять
Zwanzig	Двадцять
Zwei	Два
Zwölf	Дванадцять

Zeit
Час

Gestern	Вчора
Heute	Сьогодні
Jahr	Рік
Jahrhundert	Століття
Jahrzehnt	Десятиліття
Jährlich	Щорічний
Jetzt	Зараз
Kalender	Календар
Minute	Хвилина
Mittag	Полудень
Monat	Місяць
Morgen	Ранок
Nach	Після
Nacht	Ніч
Stunde	Година
Tag	День
Uhr	Годинник
Vor	До
Woche	Тиждень
Zukunft	Майбутнє

Gratuliere

Sie haben es geschafft !!

Wir hoffen, dass euch dieses Buch genauso viel Spaß gemacht hat wie uns dessen Herstellung. Wir tun unser Bestes, um qualitativ hochwertige Spiele zu erfinden. Diese Rätsel sind auf eine clevere Art und Weise entworfen, damit sie aktiv lernen und daran Vergnügen finden.

Hat ihnen das Buch gefallen ?

Eine einfache Bitte

Unsere Bücher existieren dank der Rezensionen, die sie veröffentlichen. Können sie uns helfen indem sie jetzt eine Meinung hinterlassen ?

Hier ist ein kurzer Link, der Sie zu ihrer Bewertungsseite führt

BestBooksActivity.com/Rezension50

MONSTER HERAUSFÖRDERUNGEN !

Herausförderung 1

Bereit für ihr Bonusspiel? Wir verwenden sie ständig, aber sIe sind nicht einfach zu finden. Es sind die Synonyme !

Notieren sie 5 Wörter, die sie in den untenstehenden Rätseln (Nummer 21, 36 und 76) entdeckt haben und versuchen sie für jedes Wort 2 Synonyme zu finden .

*Notieren sie 5 Wörter aus **Rätsel 21***

Wörter	Synonym 1	Synonym 2

*Notieren sie 5 Wörter aus **Rätsel 36***

Wörter	Synonym 1	Synonym 2

*Notieren sie 5 Wörter aus **Rätsel 76***

Wörter	Synonym 1	Synonym 2

Herausförderung 2

Jetzt, wo sie warm sind, notieren sie 5 Wörter, die sie in jedem der untenaufgeführten Rätseln entdeckt haben (Nummer 9, 17 und 25) und versuchen sie für jedes Wort 2 Antonyme zu finden. Wie viele davon können sie binnen 20 Minuten finden ?

*Notieren sie 5 Wörter aus **Rätsel 9***

Wörter	Antonym 1	Antonym 2

*Notieren sie 5 Wörter aus **Rätsel 17***

Wörter	Antonym 1	Antonym 2

*Notieren sie 5 Wörter aus **Rätsel 25***

Wörter	Antonym 1	Antonym 2

Herausförderung 3

Wunderbar, diese Monster Herausförderung wird kein Problem für sie sein !

Bereit für die letzte Herausförderung? Wählen sie ihre 10 Lieblingswörter aus, die sie in einem Rätsel entdeckt haben und notieren sie sie unten.

1.	6.
2.	7.
3.	8.
4.	9.
5.	10.

Die Aufgabe besteht nun darin mit diesen Wörtern und in maximal sechs Sätzen einen Text herzustellen über eine Person, ein Tier oder ein Ort den sie lieben !

Tipp : sie können die letzten leeren Seiten dieses Buches als Entwurf verwenden

Ihr Schreiben :

NOTIZBUCH :

AUF BALDIGES WIEDERSEHEN !

Linguas Classics

www.ingramcontent.com/pod-product-compliance
Lightning Source LLC
Chambersburg PA
CBHW081715120626
46550CB00010B/3141
9798896700777